JN015744

令和
最新版

中学受験は親が9割

西村則康

青春出版社

はじめに
楽しくなければ、中学受験は成功しない

もうじき小学校5年生になるお子さんをもつお父さんとお母さんが、こんな話をしています。

母「ねえ、サトルの中学のことだけど、私立を受けさせたほうがいいんじゃないかと思うんだけど。今年の春から5年生だし」

父「えー、私立？　近所の区立じゃダメなのか？」

母「ママ友に聞くとあんまり評判よくないのよ。それにサトルはすごく成績いいじゃない？　テストもほとんど90点以上だし、通知表もオール二重丸。少し難易度の高いところにも行けると思うのよ。学費は、私も働いてるんだしなんとかなるでしょ」

父「まあ、学費はどうにかなるかもしれないけれど、小学校から受験勉強させるのか？大学受験で頑張ればいいんじゃないか」

母「でも付属とかに受かれば、あとがラクじゃない？」
父「今やってる公文じゃダメなのか？」
母「やっぱり受験用の勉強を教えてくれる塾じゃないとダメみたい」
父「うーん。まあ、挑戦させるのは反対じゃないけどなぁ。近所にいい塾あるの？」
母「駅前にＳＡＰＩＸがあるわよ。家から10分だからラクだし」
父「う――ん」
母「ほら、それにサトルは理系が強いみたいだし、伸ばしてやりたいじゃない」
父「まあ、オレも理系だからなあ」
母「難しい算数や理科の問題はあなたが教えてやってよ。私は文系で国語や暗記モノは得意だったから」
父「そうだなあ。まあ、やらせてみてもいいか。でも本人はどうなんだ？」
母「最近、塾に行ってる友だちに刺激されたみたいで、ボクも行きたいなー、とか言ってるのよ」
父「サッカーはどうするんだよ、レギュラーになれたって喜んでたじゃないか」
母「それは続けられるんじゃない？　塾は毎日行くわけじゃないんだし」

父「まあ、そうだよな。じゃあ、そのＳＡＰＩＸとかいうところに、試しに行かせてみたら？」

どこの家庭でもありそうな会話です。

こんな会話の後で、塾を訪れるお母さんとお子さんは多いのではないでしょうか。

私は長年塾講師として、また現在は家庭教師として、中学受験に挑む子どもたちの指導を続けてきましたが、最近になってますます「中学受験」の面白さ、奥深さ、そして「難しさ」も感じています。だからこそ子どもたちの指導をしながら「塾ソムリエ」として、多くの親御さんから中学受験や塾に関するご相談を受け、アドバイスしてきました。

中学受験の「難しさ」とは、問題の難しさだけにとどまりません。むしろ、本当の難しさはまったく別のところにあります。

実は、今ご紹介した、お父さんとお母さんの会話の中にこそ「難しい問題」がたくさん含まれているのです。

ちょっと意地悪ですが、この会話の中に含まれる「問題点」を指摘してみましょう。

問題点1　学校の成績がいいから難易度の高い私立中学にも行けると思う
問題点2　付属に入れば後がラクだと思う
問題点3　算数や理科の問題は理系のお父さんが教え、国語や社会は文系のお母さんがフォローすれば大丈夫
問題点4　本人が塾に行きたいと言っているから行かせてやりたい
問題点5　（とりあえず）SAPIXに行かせてみよう
問題点6　サッカーと塾は両立できるだろう

いずれも、特に大きく間違ってはいないような気がする方も多いのではないでしょうか。このご夫婦は、お子さんの将来のこともしっかり考えているようですし、夫婦の会話もちゃんとある。塾と私立中学に通わせることができるだけの経済力もあるようです。ご夫婦ともに大卒で、お父さんは理系、お母さんは文系。

これらはごくごく自然な発想に思えるかもしれませんが、もしこのご夫婦がこのままの意識で子どもを難関校受験に挑ませても、失敗する可能性が高いでしょう。少なくとも

「御三家」といわれるような「超」がつく難関校に合格するのはまず無理です。

そもそも「難関校」に合格することにどんな意味があるのか、ということについてはあらためてお話ししますが、ここで言う難関校とは偏差値50以上の中学だと考えてください。超難関校とは偏差値70前後の数少ない中学を指します。

今指摘した問題点のどこが「問題」なのか、簡単に説明しましょう。

問題点1→学校の成績がよくても塾で順調に伸びるとは限らない
問題点2→付属に入れば後がラクだからと受験させると、入学できても大学入学時の学力が非常に劣ることが多い
問題点3→親に難関校の受験問題は解けない。また親の「指導」はむしろ害になる
問題点4→「本人の気持ち」はまったくあてにならない
問題点5→SAPIXなどの受験対策塾は準備の勉強をしないと入ることが難しい
問題点6→本気で中学受験に挑んだらサッカーや野球との両立は不可能

これらについてどう対応すべきなのかは、各章でお話ししていきたいと思います。

もうひとつ非常に重要なポイントを挙げると、このお母さんが「中学受験」を思いついた、「あと数カ月で小学5年生」という時期についてです。**小学校4年生の終わりも近づいた2月ごろということになりますが、中学受験を検討するには遅すぎます。**理想を言えば小学校1、2年生のときには方針を決め、その期間は家庭でも中学受験の基礎となる能力や学力を高める努力を意識的に毎日続け、3年生の後半には入塾テストを受け、4年生になる直前の2月からは塾に通う、というスケジュールを立てなければいけません。それが今どきの「中学受験」というものなのです。

中学受験を考えるきっかけはいろいろだと思います。たとえば「どうしても親と同じ医者になってもらいたいから医学部へ」というものから、「近所の公立中学では物足りないから私立に行かせたい」「後々ラクそうな付属に入れてやりたい」「女の子だからしつけに厳しい私立に入れたい」などさまざま。

しかしどのような場合であっても、また志望校の偏差値に差があっても、中学受験というのはかなりの「覚悟」と「準備」が必要なものなのです。

しかも、その覚悟をすべきは子どもよりもむしろ親です。夫婦の意見が完全に一致していて、しかも中学受験に多くの時間を割く覚悟があって初めて、中学受験の準備が始まるといってもいいでしょう。

まず受験でどんな問題が実際に出題されるのかを親がはっきり知ったうえで、その覚悟をしなければなりません。後でご紹介しますが、今の中学受験で出題される問題は、大卒のご両親でも容易に解けるものではありません。まして、超難関校の問題はほとんど手に負えないようなものばかりです。

中学受験は、お父さんお母さんの時代のものとは大きく変わってきています。中学受験をする以上、受験を専門にした進学塾の助けを借りることは必須です。**どんなに学校の成績がよい子でも、受験用の勉強をしなければ偏差値50以下の私立中学に合格することも難しいのが現実なのです。**

もちろん偏差値がもっと低い私立中学もあります。偏差値30台でもユニークな教育方針の中学はありますから、それに賛同して進学させたい場合は別ですが、通常の中学受験といえばやはり、「近所の公立中学よりはレベルの高い中学、大学進学実績などがいい中学」という選択が一般的。「私立ならどこでもいい」と思う人は少ないはずです。

とすれば、超難関校を目指さないまでも、中学受験を考える以上、親御さんはあらかじめかなりの覚悟で小学校の6年間、とくに後半の3年間を見据える必要があるのです。

親の覚悟がないと、決して子どもを支えることはできません。小学生の子どもに、進路や勉強法、勉強のスケジュールについて「自主性に任せる」ことは不可能。そこに親が大きく関わらざるを得ないのです。そこが高校受験、大学受験と大きく違うところだということを、まずは知っておいてください。

中途半端な気持ちで「とりあえず塾に入れておけば安心」というような理由で子どもを塾に通わせ、中学受験に向かわせても、決していい結果にはならないでしょう。**中学受験に取り組むことは、「家族全員の大プロジェクト」なのです。**

子どもだけでは決してできないし、お母さん、お父さんだけでもできません。実はおじいちゃんやおばあちゃんの理解もまた必要なのです。

時間的、精神的に最も大きな負担がかかってくるのはお母さんですが、お母さんを支えるお父さんの役割もまた非常に大きい。お母さんが仕事を持っている場合は、さらに負担が大きくなるでしょう。これをどうやって家族で乗り切るか、どう支えてフォローし合うか。家族全員で考え、子どもに接していくことが一番大切なのです。

だからこそ、この本のタイトルは『中学受験は親が9割』としました。**合否を決めるのは、子どもの持つ潜在的なポテンシャルが1割、残りは親の仕事なのです。**

では、「塾」の役割は何かと言えば、塾は道具、つまり親子で利用すべきツールです。親が慎重に塾を選び、うまく付き合い、塾の授業や指導を有効に活用できるよう家庭で支援し続けるのが一番大事なこと。「親が9割」とは、「親が勉強を教える」という意味ではありません。親が今どきの中学入試問題の傾向を分析し、どんな対策を立てればいいのかを判断し、解法まで教えることは100％不可能です。

最終段階近くまで来れば、非常に優秀なごく少数の子どもは「ほぼ放っておいても大丈夫」な状態になりますが、99％の子どもたちは、最後の最後まで家族がフォローし、支援することが大切です。

中学受験とは、ある意味で過酷なものです。親にとっては経済的にも時間的にも、精神的にも大きな負担を強いるでしょう。また子どもも、本来やりたいことを我慢しなくてはいけなくなるでしょう。たとえば、友だちと遊ぶ、ゲームをする、サッカーをする……。

その時間をけずって、「勉強」をしなければならないのです。

でも、その「勉強」とは本当にイヤなもの、楽しくないものなのでしょうか？　親が「かわいそう」と思いながら子どもに強いなければならないものでしょうか？

どんなに辛くても、楽しいことや面白いことであれば、子どもは一生懸命取り組みます。サッカーが好きな子だったら、練習が厳しくても、試合で点が取れないときがあっても、楽しそうに続けるはずです。

「受験勉強」というものにも、そこに真の面白さ、知的な喜び、わかること、理解することの楽しさなどがたくさん含まれているのです。そしてきちんと努力すると、実はサッカー以上に結果は出やすい。目標もはっきりしています。

子どもと真正面から向き合い、全力で支えてやろうという覚悟が親にあれば、きっと子どもは「受験勉強」を楽しめるようになるはずです。

そこに、親もまた喜びを見い出せることでしょう。

超難関校ではないとしても、それは同じことです。

小学校という大切な時期に、親が全力で子どもを支え、親子が同じ目的に向かって進もうとすることは、もし志望校に入れなくてもかけがえのない時間になるはずです。

また、受験勉強を通じて得た「勉強の手法」「問題を解くときの考え方」「スケジュールの立て方」「自己管理」「ノートのとり方」「文字の書き方」、そして「新たな知識や考え方がわかったときの楽しさ」などは、必ず高校受験、大学受験、さらに社会に出てからの長い人生において非常に大きな力になります。

中学受験は親にとっても子どもにとっても、大きな覚悟がいる挑戦です。

だからこそ、あまり安易な気持ちで臨むべきではありません。

けれど、覚悟さえもってあたれば、「合格」以上に大きなものを与えてくれます。

子どもにとってだけではなく、親もまた、中学受験によって成長していくことができるのです。

令和最新版の刊行にあたって

『中学受験は親が9割』の初版が刊行されてから、早いもので10年が経ちました。その間、中学受験に関して変わったことと、変わっていないことがあります。

まず変わったのは、２０２０年からの大学入試改革の影響によって、大学付属校の人気が高くなったことです。入試制度がどう変わるかわからないなか、なるべくリスクをとりたくないというご家庭が増えていることが、付属校人気につながっています。

また、学費が安いうえに6年間の一貫教育が受けられる公立中高一貫校への関心もさらに高まりました。

もうひとつ変わったことで言えば、２０２５年度入試から大学の入試科目に「情報」が加わることが、中学受験にも少しずつ影響を与えています。塾のテキストにはまだ情報の要素は入ってきていないものの、中学受験の算数の入試問題には情報処理や統計にかかわる問題が見られるようになってきました。

グラフや表などの資料から、どのような傾向が読み取れるのかを答えるような問題です。データサイエンスやＡＩが普及しつつあるこれからの社会では、条件を整理する力、問題をしっかり読み込む力が求められているのです。

最近の入試問題の傾向としてもう一つ挙げられるのが、「今の世の中を感じているかどうか」を問う出題の増加です。国語の問題文に昔の名作文学などが出ることはほぼなくなり、去年もしくは今年というごく近い時代に出版された小説、つまり今の社会を反映した作品が問題文として出題されることが増えています。

社会の入試問題でも、今の世の中で起きている事象を題材に、受験勉強の知識と組み合わせて考えさせることが多くなっています。時事的なことがらをその背景も含めてきちんと理解しておかないと、こうした問題を正解することは難しいでしょう。これは、受験勉強だけをガリガリやってきた子ではなく、どんな物事にも興味を持って学習し、入学以降も伸びる余地が大きい子を選びたいという学校側の意向が反映しています。

こうした数々の変化があるとはいえ、親が子どもにどのように接するべきかということは、10年前からまったく変わっていません。まず心に留めておくべきなのは、「受験勉強

＝暗記」という考え方を捨てることです。私は親御さんから算数についての相談を受けることが多いのですが、そのときによく「ウチの子は記憶力があまり良くないから……」という言葉が聞かれます。

おそらく、算数というものは解き方を覚えるものだと思っているのでしょう。極端に言うと、「塾のテキストに出ている問題の解き方をぜんぶ覚えてしまえば、テストの点数は上がるんじゃない？」という感じです。

この本の2章でも紹介していますが、繰り返しの丸暗記学習でその場を乗り切ろうというのが一番よくない勉強法です。暗記や繰り返し学習をすれば一時的に点数は上がりますが、それも4年生まで。5年生になると勉強量が増えるので、すべてを繰り返しやるような時間的余裕はとてもありません。頭を使わずに学習時間だけで勝負しようとすると、成績は確実に下がっていきます。

親は子どもに「なぜなんだろうね」と問いかけ、質問をして、子どもに表現させてください。たとえば算数の植木算の場合、木の数から1を引くことになりますが、「なぜ1を引かなくちゃいけないのかな？　不思議だよね」と子どもに質問をして、子どもがその答えを探すような学習が有効的です。

親は教え込んだり強制するのではなく、子どもが自ら伸びていくように学習環境を整えてあげる。そのことこそが、本書のタイトルである『中学受験は親が9割』の意味です。

もちろん、すべてを一人で抱え込む必要はありません。何かうまくいっていないと感じたら塾の先生や家庭教師などを使い、そのつど立ち止まって修正していけばいいのです。

中学入試に思考力が求められるように、中学受験のプロセスでは親も自分自身で考えるべきことがたくさんあります。「これでいいかな？」「いや、こうした方がよさそうだ」と、親もたくさん考えて最良の方法を探す。そして、最後に合格を勝ちとるのです。

すべてのご家庭の中学受験が成功するとは限りません。これはまぎれもない現実です。しかし、一つの目標に向けて親子で一緒に頑張った日々は、かけがえのない思い出になるはずです。中学受験を笑顔で終われるかどうかは親次第。その覚悟を持って親子で共に歩んでいけるよう、本書がサポートいたします。

西村則康

中学受験は親が9割 令和最新版　もくじ

2章

難関校合格を引き寄せる頭のいい塾の使い方

3章

中学受験を決めたらまず考え、決めておくべきこと

4章

学力急上昇の切り札「家庭教師」の使い方

5章

親が必ずすべき習慣・やってはいけない習慣

6章

苦手がなくなる［学年・科目別］実践対策

7章

Q&Aでよくわかる中学入試の悩みと解決法

8章

無理なくムダなく進む合格までのスケジュールの立て方

付録　今どきの中学入試問題例

装丁　小口翔平／三森健太（tobufune）
カバーイラスト　加納徳博
構成　小幡恵
制作協力　加藤彩
本文イラスト　中村知史
本文DTP　佐藤純（アスラン編集スタジオ）

1章

親世代とはこんなに違う！今どきの中学受験事情

学校選びのじゃまになる〝親の先入観〟

「中学受験の難関校」というと、どんな中学校を連想するでしょうか？　関東なら麻布中学、開成中学、武蔵《むさし》中学の「男子御三家」がまず挙がるでしょう。いずれも中高一貫で、東大への進学率も非常に高い学校です。女子の御三家は桜蔭《おういん》中学、女子学院中学、雙葉《ふたば》中学。関西であれば灘《なだ》中学、東大寺学園中学、洛南《らくなん》中学、女子は神戸女学院中学などとなります。偏差値でいうなら74～78（四谷大塚偏差値・以下同）です。

70～74になると、20～30年前にはあまり難関校とは思われていなかったような学校もかなりたくさん名を連ねています。

今、中学受験を考えている小４ぐらいのお子さんのご両親は、だいたい30歳代半ばから40歳代というあたりの方が多いでしょう。自分たちが中学生だったころと言えば、今からざっと20～30年も前のことになります。

まずは、**ご自身が中学生だった当時の難関校と、今の難関校は大きく変わっている**ことを知っておいてください。

今「難関」と言われる学校の名前を聞いて「えーっ、その学校、昔は不良ばっかりだったのに」「勉強できない子が行く中学だったはず」「スポーツだけ有名じゃなかったっけ」「名前も聞いたことがない」ということも多いと思います。

「中学受験」というのは、ほとんどが東京、大阪を中心とした大都市に限られた現象。それ以外の地方には「私立中学校受験」という選択肢はほとんどありません。私立中学自体が少ないのですから、最寄りの公立中学、公立高校に進学して、大学で初めて本格的な「受験」を経験する場合のほうが多いのは当然です。

お父さん、お母さんともに地方出身だった場合、またはどちらかが地方出身だった場合、大都市で話題になる「中学受験」に戸惑いを感じる方も多いでしょう。

「え、なんでわざわざ私立を受験するの」

「公立じゃどうしてダメなの」

「難関校といわれても、開成くらいしか知らない」

という人も多いはずです。

この数十年、少子化などの影響もあり、多くの私立中学はレベルアップを図り生き残りをかけてきました。親世代が中学生だったころとは比べものにならないくらい偏差値が高くなっている学校もめずらしくありません。

中学受験について知りたいと思ったら、まずは「自分たちの地方ではこうだった」「自分たちのころはこうだった」という先入観を捨ててしまうことが必要です。

そこを家族で徹底しておかないと、たとえば塾で「お子さんならA校、B校が狙える」と言われても、わけがわからないということになります。うっかりすると「昔はたいした学校じゃなかった」といったことを子どもの前で口にすることになります。これは、決していいことではありません。

知らない学校があるのは当然のことですが、「昔は……」などと言わず、きちんとその学校の現在について家族で調べてみることがとても大切になります。「偏差値」は志望校を決めるときの大きな目安ではありますが、偏差値だけで選ぶのではなく、**学校の方針や校風、さらに入試の傾向も把握したうえで検討してほしい**のです。

もちろん、志望校は勉強の進み具合によって変更するものですが、受験をする以上、小学4年生のころには、とりあえずであっても見当をつけておいたほうがいいでしょう。

暗記では絶対に解けない麻布中学の問題

もうひとつ、非常に大切なのは、「中学入試ではどんな問題が出題されるのか」を親が知っておくということです。「どんなに難しいって言っても、しょせん小学生向けの問題。大人が本気を出せば解けるでしょ」などと考えるのは、絶望的に大きな間違いです。

「難しい」と言われても、何がどう難しいのかは想像がつかないでしょう。まず、最難関と言われる中学の入試問題を実際に見てみてください。

関東の御三家のひとつ、麻布中学校の入試問題は難易度が高く、かつユニークなものが多いためよく話題になります。

最初にご紹介するのは、２０１３年麻布中学校の入試、理科で出題された問題です。

99年後に誕生する予定のネコ型ロボット「ドラえもん」。

この「ドラえもん」が優れた技術で作られていても、生物として認められることはありません。それはなぜですか。理由を答えなさい。


解答は選択式ではなく記述式。ちょっとビックリした人もいるのではないでしょうか。「理科は暗記ものが多い」と思っていた方には衝撃かもしれません。

もちろん「ロボットは生物ではないから」といった問題文を言い換えただけの解答で点数はもらえません。実は、この問題は「大問2」の「問7」として出題されたもので、大問2の問題文にヒントがあるのです。

大問を見てみましょう。

大問2

地球には、わたしたちヒト以外にもさまざまな生物がいます。みなさんはイヌやネコを見かけると、それが生物であるとすぐに判断できます。しかし初めて見たものは、手に取っただけで生物であるかどうか、すぐに判断はできません。さわったときのやわらかさや、温かみなどの感しょくだけでは、生物であると判断することはできないからです。それでは、「生物であると判断するための特徴」とは、どんなものなのでしょうか。
生物とは、「生きているもの」という言葉で簡単に説明できます。しかし、生きているという状態を説明することは簡単ではありません。それは生物の体の中でさまざまなものが変化していて、それらの変化の結果、生きているという状態になっているからです。
そこで、さまざまな生物を観察し、生物でないものと比べてみたところ、すべての生物に共通する特徴がいくつか見つかりました。その特徴のなかでも、とくに重要なものが、下の特徴A～Cです。

特徴A　自分と外界とを区別する境目をもつ。
特徴B　自身が成長したり、子をつくったりする。
特徴C　エネルギーをたくわえたり、使ったりするしくみをもっている。

問題文はさらに続き、A～Cそれぞれについて詳述され、最後の部分には「これら特徴A～Cのいずれかを満たすものはたくさんあります。たとえば、私たちに病気を引き起こすウイルスは、特徴Aのみ満たしていますが、特徴Bや特徴Cを満たしていないので、生物とはいえません。つまり、特徴A〜Cをすべて満たしたものを生物というのです」と書かれています。

これをきちんと読み取れば、ロボットであるドラえもんは、特徴AとCは満たしてはいるものの、「特徴B」にあてはまらないことがわかります。

よって「ドラえもんは、自ら成長したり、子孫をつくったりすることができないので、生物とは認められない」「ドラえもんは問題文中の特徴Bを満たしていないので生物とは認められない」といった記述が正解となります。理科の問題でありながら、ここで問われているのは理科の知識よりもむしろ読解力であり、論理的思考力です。

すべての中学でこんな問題が出るわけではありませんが、**中学受験に挑戦する場合、塾以前のご家庭の環境、読書経験、社会的な経験、そこから得られる身体感覚が非常に大切です。**これについては章をあらためてお話しします。

小学生にも論理的思考を求める理科の難問

次にご紹介するのは、2023年度の麻布中学で出された理科の問題です。前出の「ドラえもん」の問題に意外さはありますが、「難問」とは言えません。しかし次の問題はさらに高レベルで、受験生たちが習ったことのない言葉がたくさん出てきます。「ブラックホール」「アインシュタインの相対性理論」はまだいいとして、「M87という天体」「ジェットの天体画像」などの言葉を目にしたことのある受験生はほぼいないでしょう。

「こんなの習ったことないから解けない」という子にはとても解けません。「面白そう！なになに、フムフム……」と感じられた子どもは軽々と解いてしまいます。新たな知識や考えを積極的に吸収しようという学習姿勢の有無を判定する問題です。

少し長いですが大問をすべて紹介しますので、ぜひ親御さんも挑戦してみてください。そして、最後の3行に込められた出題者の意図をくみとってください。目に見えるものですらそれが真実だとは限らないという、科学を探究する者の矜持が表現されています。

さて、図3の点Cにいる観測者が、点Aから点Bに向けて動くジェット中のあるガスのかたまりを観測するとします。点Aや点Bは点Cから十分に遠いため、直線BCと直線HCは平行とみなせます（図3下）。このとき、点Cからはジェットが点Hから点Bに動くように見え、天体画像ではこの見かけの運動が観測されます。この見かけの運動は、ジェットの実際の運動と同じとは限りません。

図3

下図は上図の点線部をそれぞれ拡大したもの

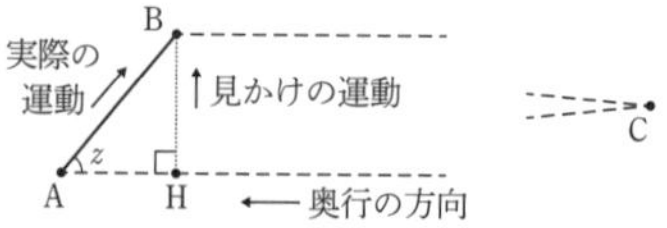

図4

問4 点Aと点Bの間の距離《きょり》が18光年、点Aから点Bに向けて動くガスのかたまりの速さが1年あたり0.9光年、zの角の大きさが60度として次の問いに答えなさい。1光年とは光が1年間に進む距離のことです。また、必要に応じて、内角の1つが60度である直角三角形の3辺の長さの比を1：1.7：2として計算しなさい。

（1）ガスのかたまりが点Aを出発してから点Bに着くまでの時間を答えなさい。
（2）点Aと点Hの間の距離は何光年か答えなさい。
（3）点AからBに向けて動くガスのかたまりが「点Aで放《はな》った光が点Hを経て点Cに着く時刻」と、ガスのかたまりが「点Aから点Bまで動き、そこで放った光が点Cに着く時刻」の差が何年か答えなさい。ただし、直線BCと直線HCの長さは等しいとします。
（4）私たちは、物体が放つ光によって物体の運動をとらえています。そのため、点Cから見ると、（3）で答えた時間の間に、ガスのかたまりは点Hから点Bまで動くように見えます。この見かけの運動の速さは1年あたり何光年か答えなさい。ただし、答えが割り切れないときは小数第2位を四捨五入して小数第1位まで答えなさい。

問5 zの角の大きさが30度のとき、ガスのかたまりによる点Hから点Bまでの見かけの運動の速さは1年あたり何光年か答えなさい。ただし、zの角の大きさ以外の条件は問4と同じとします。答えが割り切れないときは小数第2位を四捨五入して小数第1位まで答えなさい。

問6 点Cから見てジェットが点Hから点Bまで動く速さは、zの角の大きさによって変わります。見かけの運動の速さとzの角の大きさの関係を示すグラフとして最も適当なものを右のア〜オから選び、記号で答えなさい。ただし、zの角の大きさ以外の条件は問4と同じとします。

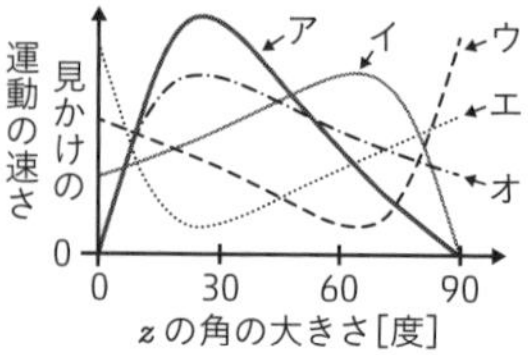

このように、天体画像からわかる見かけの運動の速さは、光の速さをこえることがあります。遠くの天体に限らず、観察からわかる見かけの姿は本当の姿と異なることがあり、注意が必要です。

［解答例］
［問1］左眼 エ　右眼 ア　［問2］aア　bウ　cオ　［問3］aイ　bエ　［問4］（1）20（年）（2）9（光年）（3）11（年）（4）（1年あたり）1.4（光年）［問5］（1年あたり）1.9（光年）［問6］オ

入試問題　2023年麻布中学校　理科

大問２

2022年５月、私たちが住む銀河系の中心に位置するブラックホールの天体画像が発表されました。2019年に発表されたM87という天体にふくまれるブラックホールの画像に続き２例目です。

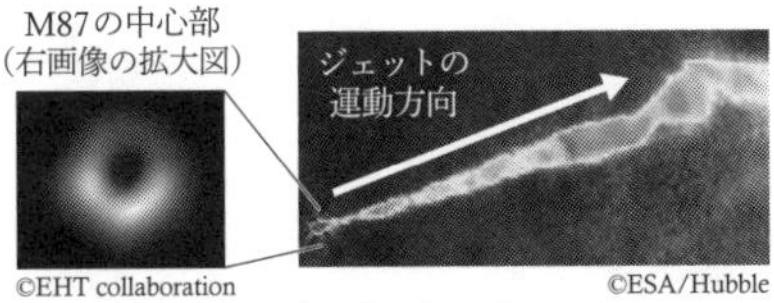

図１：（左）M87の中心部にあるブラックホール
（右）ジェットの天体画像

ブラックホールが周囲のあらゆる物を吸いこむだけの存在と思う人も多いでしょう。しかし、ブラックホールの周囲からは物がふき出てもいます。たとえば、図１右のように、M87では中心部から高速でふき出たガスによる「ジェット」という構造が見られます。ジェットは多くの天体で見られ、画像から測った運動の速さが、光の速さの10倍をこえるものも見つかっています。アインシュタインの相対性理論によると、物体は光の速さをこえないとされているので、一見するとこれは不思議な現象です。

物体の立体構造をつかむためには、縦・横・奥行《おくゆき》の３つの長さが必要です。図２のように、はなれた位置に置いた２つの棒を左右の眼で観察すると、左右の眼はそれぞれ異なる像を得ます。私たちは、この２つの像を比べることで奥行を測っています。

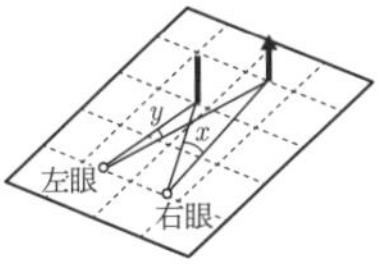

図２

問１ 図２の左眼と右眼から見える像として、最も適当なものを次のア～エからそれぞれ１つずつ選び、記号で答えなさい。

ア．　　イ．　　ウ．　　エ．

問２ 図２の２つの棒が、眼からより遠くにあると奥行をつかみづらくなります。その理由を説明する次の文中のａ～ｃについて、〔　〕に入る適当な語句をそれぞれ選び、記号で答えなさい。

xの角の大きさがａ〔ア．小さく　イ．大きく〕、yの角の大きさがｂ〔ウ．小さく　エ．大きく〕なり、xとyの角の大きさの差がｃ〔オ．小さく　カ．大きく〕なり過ぎるから。

問３ 宇宙の奥行をつかむには工夫が必要です。その工夫を説明する次の文中のａ，ｂについて、〔　〕に入る適当な語句をそれぞれ選び、記号で答えなさい。

左右の眼よりも間隔のａ〔ア．せまい　イ．広い〕２つの場所から目的とする物体の像を得ると、xとyの角の大きさの差がｂ〔ウ．小さく　エ．大きく〕なり、遠くの物体の奥行をつかめる。

地球は太陽のまわりを動くので、季節を変えて同じ天体の画像を得ることで、私たちは宇宙の奥行をつかめます。しかし、限界はあり、画像からはあまりに遠い天体の奥行をつかめません。

２０２３年度、麻布中学の理科の入試問題を見ていただきましたが、いかがでしょう。ここで試されているのは読解力と論理的思考力、そして科学する者の良心です。

一般的に、理科の入試問題は「生物」「化学」「地学」「物理」の４分野からほぼ均等に出題されます。いずれも問題文のあちこちにヒントが隠されており、高度な知識を必要としているわけではありません。一語一句をおろそかにせずに読み、**「何が書かれているのか」「何がわかっているのか」「何がわかっていないのか」「何を質問されているのか」「どう考えれば正解にたどりつけるのか」**という、**論理的思考が求められています。**

「算数ができるから理系」は大きな勘違い

よく「理系」「文系」などと言われますが、こうした問題を見ていただくと、単に「算数と理科が得意だから理系」「国語と社会が得意だから文系」とは、とても言えないこともわかっていただけるでしょう。「計算が得意なら理系」「暗記が得意なら文系」「算数ができる子は頭がいい」というのも間違いです。

これは中学受験に限らないのですが、**算数や理科の問題を解くときに大切なのは文系の要素だと思われがちな「読解力」などであり、逆に国語や社会の問題を解くときに必須なのは理系的な「論理的思考力」なのです。**

勘やひらめき、暗記力などではなく、きちんと問題文を読み解く力、そこから論理的に思考を進めていく力が、今の中学入試では求められています。

すべての中学校で今紹介したような難問ばかりが出題されるわけではありませんが、全体の傾向として、暗記やパターン問題をたくさんやっておけば解ける問題より、論理的な思考力、想像力を必要とするものが増えているのです。

これ以外にも、今どきの中学入試問題にはさまざまな良問、難問が出題されています。巻末に「付録」として問題を掲載したので、自信のある方はチャレンジしてみてください。

膨大にある解き方の「パターン」

全体の7〜8割にあたる多くの中学校は、過去問を数多く経験していれば解けるパターン問題を主に出題します。しかし、残り2～3割の中学校はそうではありません。首都圏では男女御三家（開成中学、麻布中学、武蔵中学、桜蔭中学、女子学院中学、雙葉中学）や筑波大学附属駒場中学、駒場東邦中学、渋谷教育学園幕張中学、渋谷教育学園渋谷中学、海城中学など。関西圏では灘中学、東大寺中学、洛南中学、甲陽中学、神戸女学院中学、西大和中学などです。女子学院中学は、これまでパターン問題がほとんどでしたが、近年傾向が少し変化し、パターン問題の演習だけでは対応できなくなってきました。

パターン問題の主旨は「この問題の解き方を知っていますか？」ということですが、**最上位校の問題は、解き方そのものをイチから自分で考えることを求めています。**

もちろんパターン問題にしても、そうそう単純なものは多くありません。

中学受験算数の場合、解法の「パターン」は400種ほど。もちろんひとつの問題を解くときにパターンひとつで解けるわけではありません。いくつかのパターンを組み合わせて解かなくてはならない問題が出題されることのほうが多いのです。つまり、あるパターンを使って第一段階の数字を求め、続いて別のパターンを使って解答を求める、ということの繰り返しです。つまり、単純に計算しても400×400のパターンがあり、さらに応用パターンを加えればその2、3倍の量になるということです。

パターン問題を攻略しようとするなら、過去問を片っ端からつぶしていくことがどうしても必要になる。しかも、パターンは年々増えていきます。まずは、これらをどう効率よく攻略していくか。塾の指導の多くの時間もここに費やされます。

子どもが塾でもらってくるテキスト類、プリント類、テスト類は膨大な量で、関東の大手進学塾で小学6年生が1年間にもらってくる4教科のものをすべて積み上げると160センチ、つまりお子さんの身長を超えます。解法パターンをつぶしていくだけでも、子どもたちはびっくりするほど膨大な分量の問題をこなさなければなりません。さらに難関校になると、パターン問題以上のものが求められるのです。

親世代が小学校高学年だった時代、受験といえば授業で「できる子」「成績のいい子」が自分の能力内で挑むものでした。今とは比べものにならないくらい入試問題が全体的にやさしく、また塾でのテキストもレベルは低く量も少なかったのです。

しかし、**20年前の難問は今の「標準」。親世代とはまったく傾向も難易度も異なる中学入試に子どもを挑戦させることの意味と、現実をよく知っておいてください。**

超難関校であれ、偏差値50前後の中堅校であれ、受験を考える以上はそうした現実を知っておかないと子どもに必要以上の負担をかけることになります。応援しているつもりが足を引っ張ることにもなりかねないのです。子どもたちが取り組んでいく多くの問題に親自身も挑戦し、理解する気構えを持って、しかも子どもを心の底からあたたかくサポートし続ける。これが、中学受験には何より必要なのです。

大学入試改革は中学受験にどう影響するか

2020年度から、大学入試は「大学入試センター試験」に代わって、「大学入学共通テスト」という新たな形に変わりました。従来の知識を問うような出題から、より「思考力」や「表現力」が必要な出題になってきたのです。

そう聞くと、「中学受験でもそれに影響されて、入試の傾向が変わるのでは？」と不安に思う親御さんもいるでしょう。実際、メディアでもそのようにとり上げているところが多くあります。

しかし、難関中学ではこれまでも思考力や表現力を問う問題を出題し続けてきました。34ページにある麻布中の問題などは、まさに「思考力」が問われています。

ですから、**難関校の入試問題は今後も大きく変わることはないでしょう。変わってくるのは、中堅校やそれ以下の学校の入試問題です。**

実際、中堅校以下の学校では数年前から、「思考力入試」「アクティブ・ラーニング入試」といった新しい名称の入試が増えています。その背景には、「わが校は大学入試改革をしっかり意識していますよ」というメッセージが込められています。

しかし、ここで気をつけてほしいのは、その学校が本当に思考力や表現力を育成するアクティブ・ラーニングに力を入れているかどうかです。

近年増加している思考系の入試問題を見ると、公立中高一貫校の適性検査のスタイルを真似て、単に会話文を入れているだけだったり、とりあえず記述をさせたりといった「中身のない思考系問題」も多いからです。

そういう入試スタイルを導入している中堅以下の学校は定員割れしているところもあり、生徒集めのためにブームに乗っているだけにも見えます。

そこで重要になるのが親の選択眼です。アクティブ・ラーニングというと、「生徒が積極的に参加する授業」という意味から、調べ学習やプレゼンテーション、話し合いなどをとり入れた授業というのが一般的です。しかし、実際にそれを導入して実りのある学びにできるかどうかは、先生と生徒の力量にかかっています。

形式的にアクティブ・ラーニングを授業に導入したとしても、物事を考え、意見を伝えるのに不可欠な「知識」がなければ、ただ思ったことを言い合うだけになり、発展性がありません。

開成中や麻布中、渋幕中をはじめとする難関校では、「アクティブ・ラーニング」という言葉がとり上げられる以前から、こうした授業を行っていました。難関校の入試問題に思考力や表現力を問う問題が出題されるのは、こうした「真のアクティブ・ラーニングの授業」ができる子にきてほしいと思っているから。その能力があるかないかを見極めるために入試があるのです。

近年始まった中堅校以下のアクティブ・ラーニングの授業を見ていると、正直、「これがアクティブ・ラーニングといえるの?」と、疑問に感じる学校が多いのも事実です。

学校選びをする際には、必ずその学校の授業に参加し、本物と見せかけの違いを見極めましょう。「大学入試改革」という言葉や情報に振り回されすぎないことも大切です。

求められる思考力は学校によって異なる

難関校の入試は「思考力」が求められるといわれますが、そもそも思考力とは何のことでしょうか？　算数という科目を例に説明しましょう。

難関校の算数入試には、計算などの「処理能力」を求める問題と、ある条件の中から設問に対する答えを考える「思考力」を求める問題があります。

しかし、ひとくちに「思考力」といっても、その中身はさまざまです。

たとえば、女子御三家の一つである女子学院中の算数入試は問題数がとても多く、時間との戦いであるため、処理能力が重視されています。

そうはいっても、思考力が問われないわけではありません。大きく見るとパターン問題が主流ではあるものの、ところどころに「あれ？　この場合はこれでいいんだっけ？」「いや、違うぞ」と考えさせる〝変化球〟が織り交ぜられているからです。

こうした問題を解くには、表面上の理解ではなくもう一段深い理解が必要です。それには、「なぜだろう？」と考えながら素早く答える力、パターン問題とそうではない問題を冷静に見抜く力、さまざまな問題に対してどのパターンで解けばよいかを瞬時に判断する力などが求められます。

一方、同じ〝考える問題〟でも、麻布中学などではより深い力を求められます。必要とされる知識は他の難関校に比べ最小限にとどめられていますが、問題文の題材は小学生の子どもが見たことも聞いたこともないようなもの。それを順に作業しながら考えることで、糸口がわかるようにつくられています。

このような初見の問題に立ち向かうには、パッと見ではわからなくても、**「まずはやってみよう！」と挑戦する気持ちを持つことが大事です**。そして、ただ頭を抱えて考えるのではなく、まずは手を動かしてみる。そうして、ああでもない、こうでもないと試行錯誤しながら考えていくのです。それには、日ごろからさまざまな物事に対して興味のアンテナを張っておく好奇心と、粘り強く考える集中力を持っていなければなりません。

このように、同じ「考える」でも、学校によってその求められる程度は違ってきます。ですから、受験校選びをするときは、その学校がどのような思考力を求めているのかを知っておく必要があります。そのための対策をとることが合格への近道です。

2章

難関校合格を引き寄せる頭のいい塾の使い方

学校で100点をとっていても中学入試では10点

この章では、「塾」についてお話ししていきます。

小学生が通う塾についての印象は、人や世代によってまったく異なります。学校の授業の遅れを補い、学校の成績を上げることが主な目的の「補習塾」を考える人も多いかもしれません。どちらかというと「勉強が苦手な子」が行くところという印象で、もちろん実際にそうした塾もたくさんあります。幼稚園のころから通う人も多い「公文」、小学校の近所で長年続いている個人経営の塾、さらに個別指導塾もあります。国語や算数などに特化した「単科塾」も少なくありません。

そしてやはり大都市部で目につくのは駅前などに教室をかまえ、テレビCMなどでも見かける大手の塾。たとえば日能研、早稲田アカデミー、SAPIX、四谷大塚などが知られています。

これらの塾は「補習塾」と「進学塾」にはっきりと分けることができ、中学受験で必要になるのが「進学塾」です。

お母さん方に、「どんなに勉強ができて、頭がよくても塾に行かないと中学受験はできないのですか？」「学校の勉強だけではぜったいに無理なんですか？」と聞かれることがあります。

「大丈夫、あなたのお子さんなら、塾など行かなくても大丈夫ですよ」とお答えできればいいのですが、残念ながら答えは「絶対に無理」です。

それがいいことか、悪いことかについては異論があると思いますが、現実的に**塾に行かずに難関中学に合格することは不可能に近い**のです。小学校の授業を完璧に理解し、通知表はオール二重丸、学校のテストはすべて100点でも、まったく受験勉強をしないままで受験すると、算数の入試問題は100点中10点もとれないでしょう。

小学校での授業というのは、すべての土台になる基礎訓練。「ひとつのことを実行すれば答えが出る」という単純な作業の繰り返しです。こうした基礎訓練は非常に大切ですが、残念ながら基礎訓練でさえ学校の授業だけではまったく量が足りません。

進学塾は、まず圧倒的に不足している基礎訓練部分を補う役割を担い、さらに発展的な学習を指導します。

未知の難問に挑んでいけるのが本当の頭の良さ

塾での発展レベル問題の学習にはふたつ以上の「作業」が必要になります。つまり算数ならAという数値をまず求め、それを利用してBという答えを出すというものや、AとBという数値を並列的に求め、その両方を使ってCという答えを導き出す、といったものです。

こうした問題を解くには「まず問題文で何がわかっているのか」を正確に理解し、「そこから最初にわかることは何か」「それがわかると次に何がわかるのか」と、問題文から解答に向かっていく道筋を考える力が必要になります。

それと同時に、「解答を導き出すには何が必要で、それを知るには何がわかればいいのか」と、結論から逆に戻っていく考え方も必要になってきます。

こうした考え方は訓練しないと身につきません。しかも、難しい問題をたくさん解いて解き方を覚えればいいというものでもありません。問題集を買ってきて自宅で解答を見ながらひたすら解き続けても、今の中学受験は突破できないというのが現実です。「Aという問題はできたけど、同じレベルのBはできない。そこでBのパターンを覚えたけど、AとB両方を利用するCはできない」ということが起きて、難易度の高い初見の問題はどれも解答を見ないと解けないことになってしまうのです。

特定の難問の解法を授業で習い、その場では理解できたとしても、それを再現できないのでは意味がありません。その道筋を自分で再現し、人にも説明できなければ、本当の意味で「わかった」ことにはならない。つまり、単に情報をインプットするのではなく、それを自らアウトプットする力が必要なのです。

これが本当の意味で「わかった！」「納得!!」ということであり、その経験があってはじめて、勉強というのは面白くなります。その納得が積み重ねられると、これまで見たことのないようなパターンの問題に出会っても、なんとか挑戦し、粘って考えようという姿勢そのものが身につきます。**大量演習型学習や暗記学習というのはインプットの一方通行訓練ですが、そこから先で必要になるのはアウトプット型の訓練です。**

学校の授業でフォローできないこうした部分を指導するが塾の役割なのです。ところが、大量演習の繰り返し学習だけで終わってしまう塾が多いのです。

国語の素材文は大学入試と見間違えるほど

算数は無理でも国語なら塾に行かなくてもなんとかなるのでは、と思うかもしれません。たしかに、非常に優秀なごく少数の子なら、受験勉強をまったくしなくても国語入試問題で30点くらいはとれるかもしれません。算数よりは点数がとりやすいとも言えますが、合格ラインには届かないでしょう。

どんなに読書が好きでたくさん本を読んでいたとしても、それは中学受験に直接的に役立つようなものではないからです。

国語の入試問題の難しさというのは、難解な漢字が出るというようなことではありません。素材になる問題文の質が、普段子どもが接するようなものではないのです。文章の抽象度が非常に高度で、特に10年ほど前から国語の素材文は急激に難しくなっています。

女子御三家のひとつ、桜蔭中学の国語では、「虚構の美とは何か」「物質の堅牢性のなかに記憶の継承の保証を求めた」といった、非常に抽象度の高い表現を含む文章が取り上げられています（高階秀爾『日本美術を見る眼』より出題）。

こうした表現を含む文章で、式年遷宮で20年ごとに建て替えられる伊勢神宮とヨーロッパの石像などのモニュメントの違いや、その思想的な背景が述べられており、一読すると大学入試問題ではないのかと思えるほどです。

実際に中学入試では大学入試と同じ素材文がしばしば使われます。しかも解答は（桜蔭に限らず）記述式が多く、大人でさえ手も足も出ない、というようなケースが多いのです。

要するに、普通の読書好きの小学生が手にとって読むような本ではなく、普段はまず触れることがないような文章が素材として提示されるのです。

抽象度がこれほど高くはなくても、子どもの普段の生活や経験の範囲からは想像しにくい、古い時代を描いたものが出題されることもしばしばあります。

また、多くの子どもたちが苦手とするのが、「普段出会うことがない登場人物が出てくる文章」です。たとえば、主人公の母親が過去に離婚して再婚し、義理のお父さんがいるといったシチュエーションです。子どもにとって、「義父」を想像することはとても難しいのです。同じ経験をしている子どもは多くないので当然といえば当然ですが、入試問題では「義父」や「義父を持った主人公の気持ち」が理解できる、「父親が違うきょうだいの関係」を想像できる、といった力も求められます。

経験から想像するのではなく、素材文の内容を論理的に考えて関係を想像し、感情を類推することが必要です。こうした場合はまず登場人物をすべて書き出させ、家族の図を書かせていく。そのうえで文脈をたどり、段落ごとのつながりを考えさせながら、「こういう気持ちになるのではないか」という心理理解につなげていく必要があります。

読書好きでたくさんの本を読んでいる子にとっては、前述の論説文よりこうした心情理解を求める物語文のほうが解きやすいかもしれません。しかし、理解した心情を記述式で、しかも限られた時間内に書くことは容易ではないでしょう。

感情を記述する場合には、その情景も書くというのが原則です。つまり、情景描写を通して作者は感情を表しているので、感情表現の元である情景描写も答案に書く、ということになります。たとえば夕暮れの情景描写があったら、それがどんな感情を表しているのかを読み取ることが必要です。夕暮れの情景に登場人物の心理状態が投影されているなら、たとえば「寂しさ」といった感情につながる言葉が情景描写のどこかに書かれているはず。それを読み取り、さらにその感情が主人公のものなのか、あるいは夕暮れを見ている登場人物のものなのか、その感情はどうつながっているのか、こうしたことを理解したうえで、「夕暮れの情景」の意味についても、制限文字数内に記述する必要があります。

理科と社会も独学では決して合格点に達しない

理科と社会の入試問題も、暗記ではとても手に負えません。もちろんかなりの部分は暗記も必要になりますが、それだけでは解けない問題がたいへん多いのです。

社会に関してだけは、並列知識の丸暗記で偏差値55程度まではいけますが、それ以上のレベルには対応できなくなります。**必要とされるのは、「カテゴリ分け」の知識。**たとえば、豚、鳥、牛といった話が出てきた場合に、それが畜産業についての設問であることをすぐに理解できないと、何を問われているのかがさっぱりわかりません。暗記が必要でありながら、論理的な思考力も要求されるのです。

理科については、1章で麻布中学の過去問をご紹介しました。これほどのレベルのものばかりではありませんが、偏差値50以上の中学の場合、小学校の授業だけ、もしくは参考書の独学と親の指導だけで合格点に達するのは困難です。

受験算数に必要な二つの学習

中学受験において算数は最も重要な科目です。特に難関校の入試では、算数の得点で合否が決まるといっても過言ではありません。

難関校の算数には二つの学習が必要になります。一つは中学受験に必要なテクニックを使って正解を出す「**スピーディーな学習**」。もう一つは、テクニックの理由や原理を探る「**スローな学習**」です。「覚えること」と「理解すること」の二つが必要なのです。

「スピーディーな学習」とは、できる限り短い時間で正確な答えを出すことを目的としたもの。たとえば計算練習や基本的な一行文章問題の演習です。計算問題を正確に早く解くには、正しい手順の通りに実行することが大切になります。途中で数字をメモすることを省いたり、筆算すべきところを暗算したりすることがミスを引き起こします。

一行文章問題のほとんどは、「このタイプの問題はまず線分図を書いて、線の長さの差に注目して……」というパターンで解くことができます。ここでも、線分図を書くのが面倒だからと頭の中だけで処理をすると、ミスをしたり途中でやり方を見失ったりします。スピーディーな学習とは、正しい型をくり返す作業だと言えます。

一方、スローな学習は長い文章の応用問題や複雑系の問題を試行錯誤しながら解くときに必要です。問題文が指示している通りにやっていく過程で何らかの規則を見つけたり、過去にやったことがある解き方の類似に気がつく。

図形問題では、問題文に書いてある条件を図にすべて写しとる。その後必要かもしれない補助線を引いてみて、何かに気がつくかどうかを考える。それでも糸口が見つからなければ、「今わかっていることから次に何がわかるのか」「答えが出るためには、そのひとつ前に何がわかっていなければならないのか」と考える。どのようにしたら自分が知っている解き方や公式に結びつけられるかを推測する学習です。

このスローな学習では、**まず手を動かして〝何か〟を書いてみることが大切です**。文章題では「数字をメモしてみる」「線分図や面積図に表してみる」「表にまとめてみる」。図形問題では「わかっていることを図に書き込む」「別の方から見た図を書いてみる」「補助線を引いてみる」。これらのことがとても大切になります。自分が書いた数の並びや図がヒントになるからです。

そのとき、次の手順で考えていくと答えが見つかりやすくなります。

①仮定──今、何がわかっているのか
②結論──何を聞かれているのか
③何を書けば解けそうな気がするか

「今わかっているのはここところここの角度。ここに補助線を引いたら何かがわかるかも……外角の定義はこうだから……ということは、ここは○度ってことか！」。そうやって自問自答しながら手を動かしてみる。そうすれば必ず答えが見つかりやすくなります。

一方、そのように考える基盤となるのが、直角三角形の定義や外角の定義、角図形の面積の公式、線分図の面積図、てんびん図、ベン図の使い方などの、単元で必ず覚えておかなければいけない「知識」。それらを覚えるのが「スピーディーな学習」です。

つまり、**算数には覚えなければならない「知識」と、考えるための「思考力」の両方が不可欠です**。学習するときは、「計算問題だから素早く正確に」「複雑系の問題だからじっくり考えてみよう」というように、頭の使い方を変えていく必要があります。

計算問題には時間をかけない。文章問題や図形問題など思考力が求められる問題のときは、まず手を動かしてみる。そうやって、一つひとつの問題に対して、「今はこのやり方で解く」と意識して取り組むことが大切です。

覚悟なしに中学受験を始めてはいけない

塾でこうした学習を重ねないと合格できないという現実――。こうした状況で子どもに中学受験をさせるべきか否か、現在の学校・塾のありかたがそもそも正しいのか、ということについては多くの議論があり、家庭の意見もさまざまでしょう。大都市部と地方、または世帯収入による「教育格差」が生まれているという問題も指摘されています。

私は長年の塾講師や家庭教師としての経験から、動機や目的に違いはあっても、子どもに中学受験をさせようとお父さんとお母さんが決めた以上、その受験勉強が決して子どもをつぶしてしまうようなことがあってはならないし、志望校を決めたのならぜひ合格させてあげたいと思っています。塾や家庭教師は、それを支援する必須の「道具」なのです。

ただ塾に入れる前に、どうしても知っておいてほしいことがたくさんあります。

まず、道具である塾についてよく知り、子どもに合った塾を選び、それをうまく使うということ。「有名な塾ならどこでも同じだろう」「入れてしまえばあとは安心」というような考えでは、決していい結果にはつながりません。

「学校ではあれほど優秀だったのに、進学塾ではついていけなくなってしまった……」「最初は張り切っていた子どもが『もう塾には行きたくない』と泣くようになってしまった……」「受験をすると決めたら家庭内がギスギスして、夫婦げんか、親子げんかが絶えなくなってしまった……」。こんな事例はいくらでもあります。**よかれと思って始めた中学受験が原因で子どもが体や心をこわしたり、夫婦関係、親子関係までが歪んでしまったりするようなことだけは避けてほしいのです。**

まだ幼い子どもに厳しい受験勉強をさせるのですから、どんな子でもある時期は頭も体も心も限界近くまで追い込まれることになります。支える家族もかなり辛い思いをすることが多いでしょう。それでも、家族で掲げた目標に向かって努力し、受験勉強のなかで身につけたことは、たとえ思い通りの志望校に合格できなかったとしても、必ず子どもの人生に役立つと私は信じています。

中学受験とは、学校に通いながら塾にも通い、毎日予習復習、宿題をして、1年で背丈を超えるようなテキストをこなしながら、学力テストを何十回も受け、その点数、偏差値に一喜一憂せざるを得ないという「生活全体」を指します。

親と子どもの生活で大きな比重を占めることになる塾に、いったいいつから通わせるべきなのか、どうやって選ぶべきなのか。まず、スタート段階でつまずかないためのアドバイスをさせてください。

個人塾でなく大手進学塾をすすめる理由

まず塾の選び方についてです。同じ進学塾でも大手塾と個人塾がありますが、**本気で受験を考えるなら大手をおすすめします。**

個人塾の場合は1クラス3～10人程度の場合が多く、子どもの習熟度に合わせたきめ細かい指導がしやすい、というメリットがあります。規模が小さくても質もレベルも高い塾はありますが、一般論としてどうしても講師の力量と熱意だけが頼り、ということになりがちなので、「当たり外れ」が大きいといえます。個人塾を検討している場合は、地元の評判はどうか、学習カリキュラムがきちんとできているか、どんな中学の受験を得意としているか、などについてよく調べておくことが大切です。

大手塾の場合、クラスの人数は15～30人。当然塾内での競争は厳しくなりますが、そのぶんライバルが多く刺激になる、ともいえます。講師の質については、大手でも個人差はありますが、一定レベル以上であると考えていいでしょう。

大手塾の最大のメリットは、受験までに必要なカリキュラムがしっかりとつくられていることです。これは単にスケジュールという意味ではなく、教材として使うテキストと、それに付随して行われるテストがきちんとそろっているということ。平日用のものだけでなく、土日特訓用、夏休み特訓用、志望校別特訓用、と数多く用意されています。

小規模な塾でもこうしたカリキュラムを用意しているところはありますが、大手の塾で使うテキストは定期的に改訂され、最新の入試問題にも対応できるようにつくられています。独立系の塾、個人経営の塾だと、熱意はあってもそこまで時間と力を割いてテキストをつくる余力はまずありません。個人経営の塾でも少数ながらこうした努力を続けているところはありますが、かなり例外的だと言わざるを得ません。

小規模な塾の情報が少なく実情がよくわからないという場合は、大手塾を選んだほうが無難です。学校の授業がしっかり理解できず補習が必要だという場合は別として、中学受験対策を求めるのであれば、大手塾の中から検討することをおすすめします。

「コマ割り」は将来の分まで確認しておく

大手塾といってもそれぞれに特徴があり、それを知っておくことも大切です。

「SAPIX（サピックス）」「早稲田アカデミー」「日能研」「四谷大塚」の4つが最大手ですが、それぞれに特徴があります。それ以外の塾でもそれぞれに特徴があり、特に関西系ではそれが顕著です。最大手の4つを始めとして、まず関東の塾はいわゆる拘束時間がそれほど長くありません。大手進学塾に通う、小学校6年生の時間割を見てみましょう（小学校5年生の2月～6年生の2月まで）。

◎首都圏・関西圏の大手進学塾の時間割（例）

	月	火	水	木	金	土	日
A塾		算数 国語		理科 社会		土曜特訓 算数·国語	日曜特訓
B塾		算数 国語		理科 社会	算数 国語	テスト テスト解説	日曜特訓
C塾		算数		理科 特別算数		社会 国語	日曜特訓
D塾	算数 国語	理科 社会	単科ゼミ	算数 理科		土曜特訓 土曜テスト	日曜特訓
E塾	算数	社会	理科	理科	国語 算数	国語特訓 算数特訓	日曜特訓
F塾	国語	算数			社会 理科特訓	国語特訓 算数特訓	日曜特訓

ここには関西系、関東系両方が含まれていますが、いずれにせよ週4～7日は塾。1コマはほとんどが60分です。

単純に「塾に行っている時間」(拘束時間)だけを比較すると、首都圏の場合はあまり差がないのですが、関西系の塾は長いという傾向があります。

拘束時間について比較したい場合は、まず入塾を検討するときに、現在の学年が4年生であれば、その時間割例を確認し、さらに5年生、6年生の時間割も同時にもらっておくべきです。「最初は週1回からでもいいですよ」などと塾で言われることは多いでしょうが、それがやがてどうなるのか、ということを把握しておくのです。

もちろん土日特訓、夏期講習が始まった場合の拘束時間についても最初の段階で聞いておきましょう。子どもの体力だけでなく、親が子どもとともに入試に費やせる時間、気力や体力なども考慮して検討することが大切です。**たとえ拘束時間が短くても、「塾にまかせっぱなし」では中学受験は決して成功しないので、まず親が基本的なスケジュールに対応できるかどうかを見ておいてください。**

塾のテキストはここをチェックする

テキストも塾によって大きな違いがあります。

SAPIXの特徴は、テキストが毎週1冊ずつの小冊子だということ。そのため改訂が容易で、最新の入試傾向に合わせた対応がしやすいのです。他の3つの大手進学塾もしっかりとした分厚いテキストをつくっていますが、そのぶん頻繁に、臨機応変に改訂するわけにはいかないため、SAPIXの「機動性」に劣る部分があるともいえます。

ただ、四谷大塚が使っている「予習シリーズ」は非常によくできています。市販もされており、これをテキストとして利用している塾もたくさんあるくらいです。このテキストがすぐれているのは、「物語性」があって子どもが読んで楽しめる点です。

特に理科・社会について比較するとはっきりわかりますが、事実の羅列にとどまらず、「なぜそうなるのか」という物語があります。「物語があるテキスト」というのは、大人が読んでも楽しいもので、しかもフルカラー。

よくできた塾のテキストというのは、単に難しい問題を並べた過去問集とはまったく違います。テキストに限らず、塾の先生はいかに子どもたちを授業で楽しませ、難問にも喜びながら取り組ませるかが腕の見せどころです。単にダジャレやギャグを飛ばすようなことではなく、**授業を聴くことがマンガを読んでいるより面白く、難問に取り組むことがゲームより楽しく、「わかった！」「なるほど！」という感覚が何よりうれしいという感覚を経験させることが、一番大切なのです。**

こうした姿勢は、塾のテキストにはっきりと表れます。ですから過去の各塾のテキストをこうした観点できちんと比較して、塾を選ぶポイントにしてみてください。

また、塾の授業中にノートをとることになりますが、テキストと別にノートを用意するより、テキストの余白に直接書き込むことをすすめる塾もあります。自由に書き込めるスペースがテキストに十分に用意されているか。こうした部分も、先輩ママから借りることができるようなら、実際のテキストを確認しましょう。

テキストは最上位の子どもに合わせてつくられる

実際に大手塾のカリキュラムを見れば、かなりの難易度と量が要求されることはすぐわかると思います。しかし、もうひとつよく知っておいていただきたいのは、**これらのカリキュラムというのは、最上位の生徒、最難関校を目指す生徒を基準としてつくられている**という事実。このカリキュラムをすべてこなし、どんどん進んでいく授業についていくことができれば、塾が宣伝文句に大きく記す「御三家○人合格」といった人数に入れる可能性が高い、ということなのです。

しかし、どれほど難関校合格者の数字が大きく書かれていても、それはその塾で学ぶ子どもたちの、ごくごく一部にすぎないのです。

大多数の子どもは、そこまでには至りません。つまり塾が用意するカリキュラムすべてについていけない子どもも多くいる、ということです。塾生全員が超難関校を目指すわけではないので、それぞれの塾はレベル別にクラス分けされています。大手塾のこのレベル別クラス編成という仕組みによって、塾のテキストをすべてこなさなくても、多くの子どもが難関校や中堅校に合格できるのです。

志望校のレベルによっては「この問題は解けなくてもかまわない」というものもたくさんあり、その見極めをするのも塾の役割。ですから、テキストの難易度にあまり不安を感じる必要はありませんが、基本的に進学塾のカリキュラムというのは、「最上位の子ども」を対象としているということは知っておいてください。

塾によっては雰囲気が合わないことも

拘束時間やカリキュラム以外でも、塾によって雰囲気は大きく違います。

早稲田アカデミーの場合は、わかりやすく言えば「体育会系」。どちらかと言えばパターン型の問題をガンガンやって頑張れ!!　というタイプです。子どもが体育会系のノリについていける体力、気力がある場合はいい選択です。また、たとえば発展的な内容よりパターン型の問題が多い付属系の中学を狙うような場合にも、向いていると言えるかもしれません。「根性で大量演習！」というスパルタ型が効果を発揮しやすいからです。

ただし「体育会系」なので、宿題をやっていかないと授業で怒られることもめずらしくありません。こういう「ノリ」が苦手な子どもには苦痛にもなりうるので要注意です。

対象とする志望校のタイプや難易度を考えたうえでの選択も必要になります。今お話ししたように「大量演習型」「体育会系」は、付属中学受験で効果が出やすいといえますが、全員に向くわけではないので注意が必要です。

関東と関西の違いについてもお話ししておきましょう。

一般的に、関西の有名中学入試問題は関東より算数と理科のレベルが非常に高くなっています。また、関西は入試科目に社会が含まれていない場合が多いのも特徴です。国語の問題だけは関東のほうがずっと難しいのですが、全体の傾向としては、関西の難関校の入試問題のほうが、関東より質も高くレベルが高いと言っていいと思います。

塾の雰囲気や、勉強法にもかなり違いがあります。

たとえば関西系で首都圏にも進出しているある塾などは、拘束時間が非常に長い。小学4年生でも週4日は当たり前で、しかも帰ってくるのは夜10時くらい、という子も少なく

◎塾選びの極意【関東編】

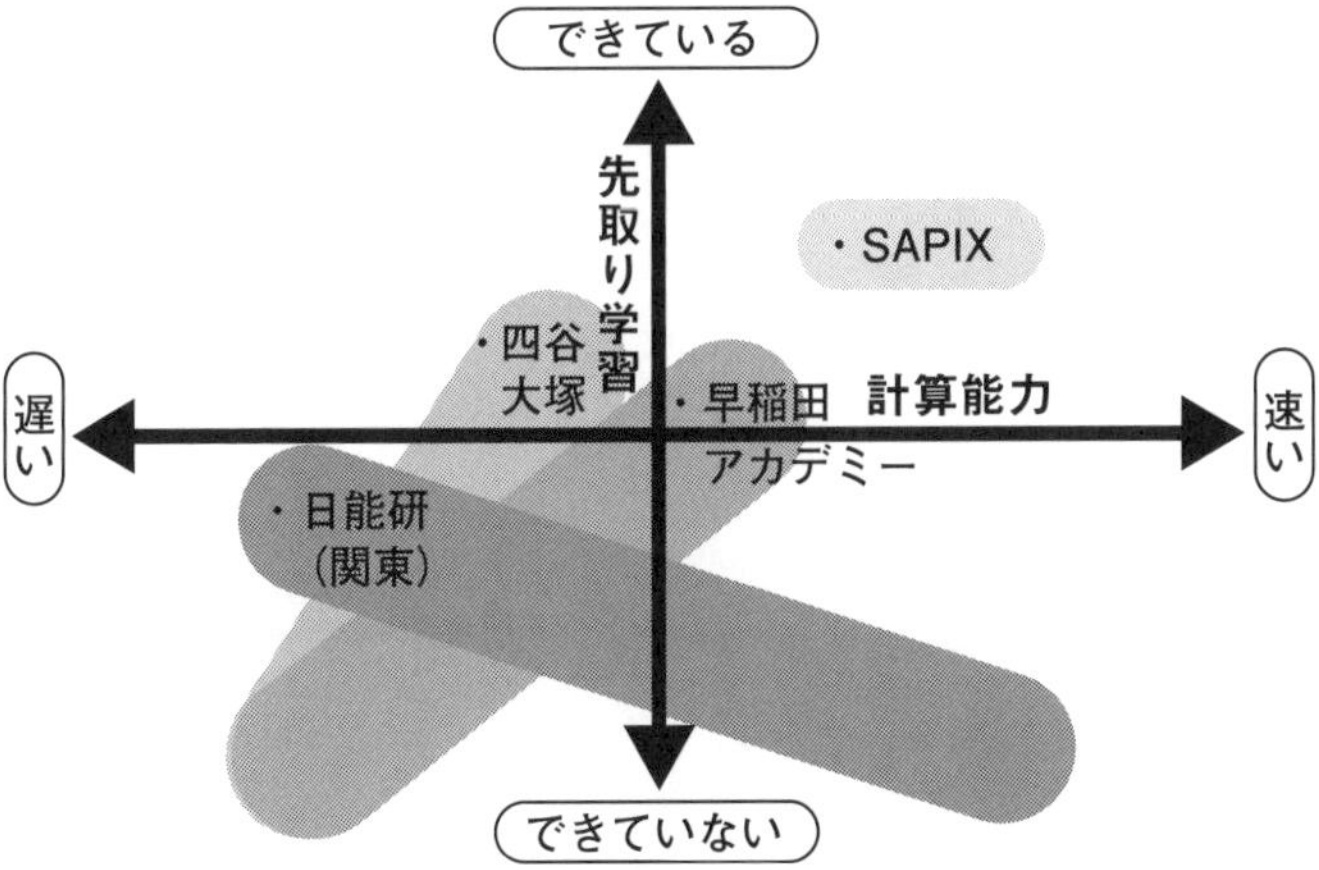

※先取り学習＝小５進級時に小６の教科書履修済み

◎塾選びの極意【関西編】

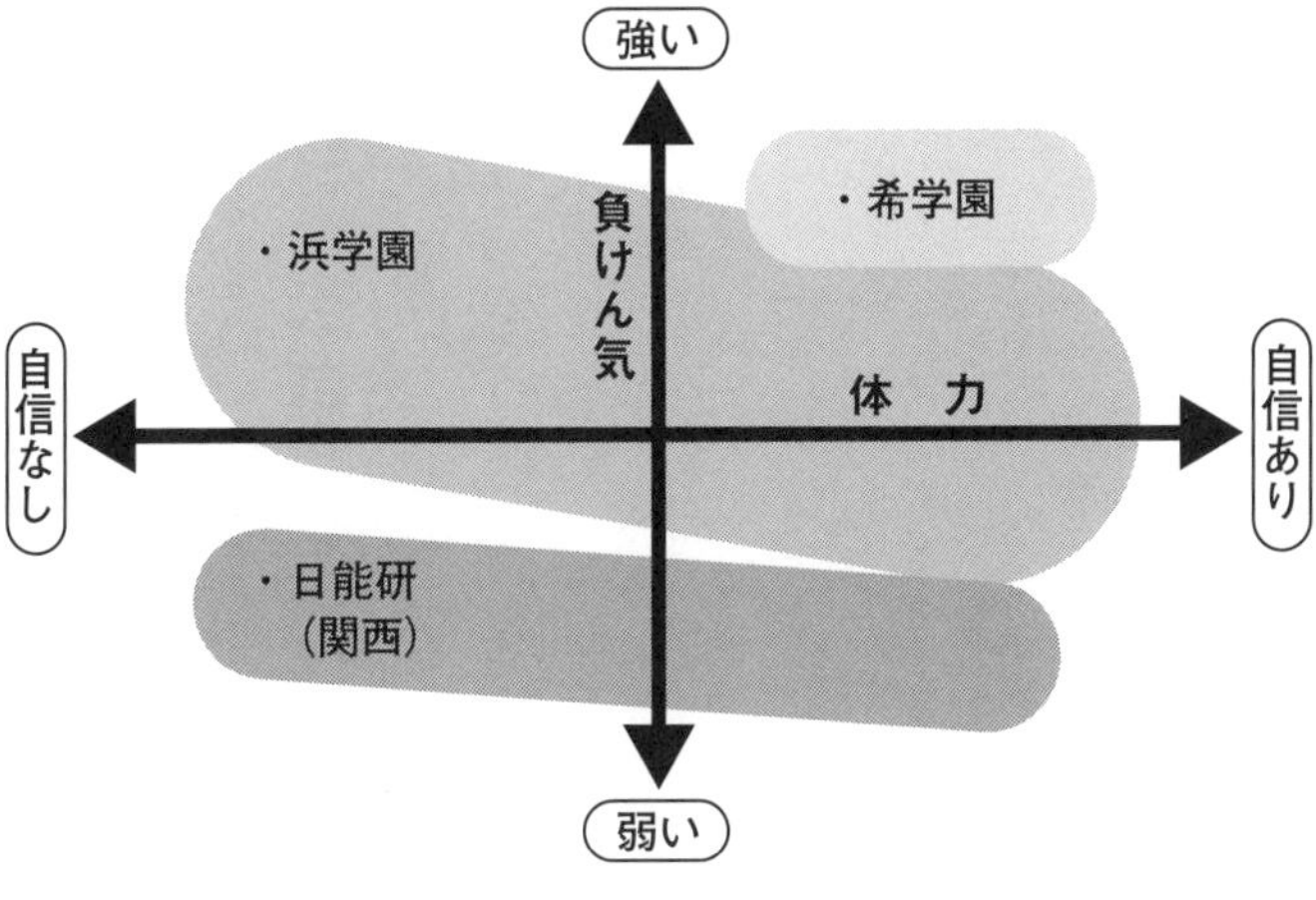

ありません。夏休みともなればお弁当ふたつ持ちです。こうした塾は、「子どもの勉強は塾で丸抱えしますから、家では面倒を見る必要はありません」という方針です。自習時間もあるのですが、それも「強制」。私自身はそのやり方には賛成できないのですが、こういう考え方の塾もあることを知っておいてください。

もちろん、子どもの性格や体力によってはまったく向かない場合もあります。全体として、関西系の塾のほうが拘束時間が長く、「丸抱え型」が多いです。

学習カリキュラムも関東、関西で違いがあります。関西系の塾の方が早く進むことが多いですが、塾ごとの差も大きいと理解しておいてください。四谷大塚の予習シリーズの改訂によって、四谷大塚と早稲田アカデミーのカリキュラム進度は格段に早くなりました。早いカリキュラムを採用している場合、算数は5年生のうちに入試に必要な単元をひと通り終わらせ、6年生の1年間をまるまる志望校対策に使います。

大手塾では希学園、浜学園、ＳＡＰＩＸ、四谷大塚、早稲田アカデミーがカリキュラム進度が早いグループです。

ゆっくりめのカリキュラムを採用している場合でも、6年生の1学期まではひと通り終わらせるので心配する必要はありません。日能研、市進学院、栄光ゼミナールは進度が比較的ゆっくりな塾に当たります。
また、関西系の塾では最レベ（最高レベル算数）や灘特進の講座が設定され、本科クラスより早いカリキュラムになっています。

大量暗記に走りやすい関東　暗記に頼らない傾向の関西

もうひとつ大きな違いとして、**関西の場合は勉強時間が関東より長いにもかかわらず、暗記学習に走らない**ということが挙げられます。関東の子どもたちは大量演習・暗記型に走る傾向がとても強いのですが、その一番の理由は、関西の入試には女子最難関の神戸女学院中学や四天王寺中学校などを除き社会科がない、あるいは選択で社会のない3教科受験が可能になっていることだと考えられます。

関西の難関中学入試は「国語・算数・理科」の3教科型入試がほとんど。社会だけは、かなりの比重で暗記をせざるを得ないので、努力をすればそれなりの点数は稼げます。関東の子どもの多くは、「とりあえず暗記で1教科を上げておこう」という努力をしがちです。これが、他の科目の学習方法にどうしても影響を与えてしまうのかもしれません。

関西の難関校を目指す受験生は暗記に頼れる科目はひとつもないことがわかっているので、レベルの高い入試問題に対応するために、必要な力を鍛えることに大きな時間を費やすことになります。

増えている「ゆる受験」という選択

令和に入って、塾の勢力図に少し変化が見られます。四大塾のうち、ＳＡＰＩＸが御三家を独占している状態は変わらず現状維持です。早稲田アカデミーが少し伸びていて、四谷大塚が少し下がったようです。日能研はやはり間口が広く、いろいろな層の受験生がいて、人数的には全国一だということに変わりはありません。

塾の授業のスピードやカリキュラム、問題量について、ＳＡＰＩＸと日能研はまったく変わっていません。四谷大塚は予習シリーズの改訂が終わり、カリキュラムの進度がＳＡＰＩＸと同じ、もしくはそれよりも早くなりました。そのくらい早め早めにやっていくことで御三家の合格実績を上げようとしていますが、それについていけない子が増えているように感じます。そうした点には注意が必要です。

中学受験をする人数自体について言えば、首都圏はほぼ横ばいです。ただ、中身をよく見ると、小6生全体の人数は頭打ち、もしくは地域によってはやや減少傾向であるにもかかわらず、受験生の数は減っていません。つまり、**中学受験を目指す子どもたちの割合は増えている**ことになります。

それは、子どもの将来のためということだけでもないように感じます。ネット上の雑多な情報が多くなりすぎて、それに振り回される方々が多いようです。また、ママ友の間でそういう話題が出るので、主体的に「子どものために」と中学受験をするというよりは、「みんながやるし、やらないとまずいみたい」という感じで始める方が増えていることが気がかりです。

あとは中学受験にかかる費用と、私立中、高、大と続くお金の負担については、しっかり認識しておく必要があります。

受験生の家庭は二極分化されていて、一つは「何がなんでも私立難関校へ」というご家庭で、親の手間とお金を最大限にかけることを決断されています。もう一つは、できるだけコスパもタイパもよく中学受験を乗り越えたいというご家庭で、「せめてＭＡＲＣＨへ」という感じです。そういう方々のなかには、推薦であろうと一般受験であろうと、校風や勉強内容が何であろうとそこに合格できればいいという見方をされる方がいます。

また、「出口はどうでもいいけど、うちの子には充実した6年間を過ごしてほしい」という層も確実にいます。そういう方々の学校選びは、「うちの子が入りたいクラブ活動があるかないか」ということを重要視しています。

勉強量もできるだけ少なくして、いわゆる「ゆる受験」でもいいと考えているご家庭は確実に増えています。4、5、6年生の3年間で受験勉強をするのではなく、5、6年生の2年間だけ、あるいは6年生の1年間だけ受験に取り組むという例もあります。

とはいえ、このゆる受験にも難しさはあります。子どもの精神的な発達段階、基礎学力の有無や学習習慣の有無などを冷静に見きわめておく必要があるからです。また、やるからには結局それなりの時間と労力、お金が必要になります。

東京都では2024年から高校の授業料が無償化されます。「高校の授業料がタダになるなら、私立に行かせられるかも」と考える方も多くいるはずです。それが、「ゆる受験」をさらに難しくするかもしれません。

優秀な講師は「解き方」のバリエーションをもっている

私は関東で塾講師の仕事を始めましたが、その後関西で長く仕事をすることになりました。まだ若い時分でしたが、かなりの自信を持って関西の塾に行ったとき、実は先生方のレベルの高さにびっくりしたのです。

関東では算数、理科の主任だったし、カリキュラムの組み直しも担当していました。特に算数には自信があって、「関東でオレほど優秀な算数の講師はいない」くらいの勢いだったのですが、実際に仕事を始めてみたら関西の先生にかなわないのです。

ひとつの授業をふたりで受け持つという方式で、ひとりは基本概念導入を担当し、もうひとりが応用演習を担当するのですが、どちらを担当してもかなわなかった。「負けた〜」と当時は思いました。「負ける」というのは単純な話で、生徒がついてこない、つまり「人気で負ける」ということです。生徒は本当に正直かつ冷酷ですから、よりわかりやすい先生、より授業を楽しませてくれる先生についていきます。

「なぜだろう?」とほかの先生の授業をそっと盗み見て研究しました。関西系の先生はまずとてもパフォーマンスが上手く、一瞬にして子どもたちの心をつかんでしまう。それに加えて、なんといっても解法の種類をものすごくたくさん知っているのです。これにはびっくりしました。関東より難易度の高い算数、理科については圧倒的でした。単にパターンをたくさん知っているということではなく、関西で出やすいひねくれた問題についても、上手に解く引き出しをたくさん持っているのです。同じ問題を解くにしても、ある解法より「もっとスマートな解き方」「もっとカッコイイ解法」を教えることもできます。

こうした「極意」は、先輩の先生に直接聞いても教えてくれません。昔の職人と同じで盗むしかありません。廊下を通りかかった際に、そっとその授業を窓から盗み見たり聞いたりして、勉強しました。1年勉強してやっと関西の先生たちに追いつき、それからは負けない自信がつきました。

今の入試問題の流れは、まず関西の中学でこれまでになかったような新傾向の問題が出て、数年後に関東でも出されるということが多いのです。

入塾テストは「3年生の1月」に受けるのがベスト

さて、中学受験を志し進学塾に通うなら、いったいいつから通い始めて、その前にどんな準備が必要なのでしょうか。この本の冒頭で「5年生になったから、そろそろ塾に行かせて中学受験をさせてみよう」では遅い、と書きました。

理想を言えば、中学受験を目指す進学塾に通うのは、「3年生の2月から」がベストです。つまり3年生の3学期が終わる少し前。**4年生の1学期が始まる前の春休みには、塾での学習を始めているという形が、もっとも望ましい**ということになります。

塾の「新学期」は4月ではなく2月ですから、2月から通うのが一番効率がいいのです。もちろん4月、5月、6月という入塾もあり得ます。テキストは先に進んでいますが、塾のカリキュラムは少しずつ難易度を上げながら各分野を学習し、ひと回りするとまた同じ分野に戻ってきます。したがって、2月、3月に塾の授業を受けていなくても、4月からの授業についていけない、ということはありません。

ただ、もっとも適切なのは2月から通うこと。しかも、その段階で**できる限り上のクラスからスタートできるようにしましょう。**

さきほど、塾に入るにも準備がいると書きましたが、これはどの塾でも同じことです。最初に入塾試験があり、その結果によって「入塾そのものの可否」そして「クラス分け」が行われます。場合によっては、一番下のクラスにも入塾できません。

まだ子どものレベルが把握できていないという場合は、複数の塾の入塾試験を受けたほうがいいでしょう。たとえば、SAPIXは難関校に強く、日能研は中堅校に強い、とされています。こうした実績から、SAPIXには入塾テストの段階からレベルの高い子が集まってくる傾向があります。

ということは、複数の塾の入塾試験を受けると「A塾では下のレベルのクラスにしか合格できなかったのが、B塾では上位クラスに入れた」ということが起こるわけです。

進学塾に入るのであれば、入りたい塾の入塾テストの前に、別の塾の入塾テストをふたつくらい受けることをおすすめします。その時点での学力がより正確にわかりますし、子どもにとっては塾のテストのレベルに慣れたり、試験時間の使い方が上手になったりするという効果があります。

本当に重視すべきは「合格者数」ではなく「合格率」

「○×塾は御三家の合格者数が多くレベルが高い」という言葉に影響され、通っているだけでステイタスを感じるといった〝思い込み〟はとても危険です。

進学塾にとって、何より大切なのは「難関校への合格実績」です。塾のパンフレットにも載っていませんし、保護者説明会でも決して語られませんが、**塾がもっとも大切にするのは、入塾者の上位10%の子どもたちです。**なるべくたくさん生徒を集めて、なるべくたくさんの優秀な子たちに難関校を受けてもらうことが大切なのです。

受験というのは確率の世界でもありますから、同じ塾から多くの生徒が受験すれば合格者数も増えます。簡単に言えば、「数撃ちゃ当たる」ということです。「開成中合格者数○○名!!」という謳い文句を見ればわかる通り、塾の最大の興味は「難関校の合格者数」。それだけです。

親からすれば、本来は合格者数より受験者数に対する合格者数の割合、つまり「合格率」のほうが大切なのですが、これは入塾前の説明会では資料として配られません。入塾後になると詳しく出す場合もあります。たとえば「最上位クラスの平均偏差値はいくつで、Aくん（個人名は伏せられています）はどことどこを受験してどこに合格し、どこが不合格だった」といったデータです。しかし、こうしたデータを出す場合も、それは上位クラスに限られるのが普通です。というのも、どんなに「御三家合格○○人！」を謳う塾でも、下位のクラスでは不合格だらけのデータになってしまうからです。

つまり、たくさん生徒を集めて「ちょっと無理じゃないか」というレベルの子どもにも難関校受験をすすめる、ということが実際に行われているのです。大量に受験すると、ちょっと無理っぽかった子どもの中にも、合格する子がわずかながら出てきます。ですから、「お母さん、去年は塾内で120位以下だった子が開成に合格したんですよ。お子さんは100位ですからチャンスはあります！」ということを言われることもあるのです。

実際、120位で合格した子がいたというのは事実でしょう。しかし、それはものすごくまれな例で、はるかにたくさんの子どもが不合格になっているのです。

つまり「レベルの高い塾」と思われていても、それは「難関校合格者の人数が結果的に多かった」というだけで、同時に「不合格者も多かった」わけです。**合格者数の多い塾に**

入れば子どもが合格する確率が上がる、というわけでは決してありません。

そういう仕組みで塾は運営されているのですから、テキストもまた「上位10％の子どもたち」が楽しく、面白く学習できるようにつくられているということを知っておいてください。複数のレベルのテキストが用意されているとしても、その塾が最も力を入れてつくっているのは上位向けのカリキュラムとそれに合わせたテキストなのです。

下位クラスの生徒は「お客さん」扱い

だからこそ、「一番上のクラスで入れる塾を選びなさい」ということなのです。

レベルが高いと言われる塾にビリですべり込むよりは、上のクラスで入れる塾のほうがずっといいと思います。

レベルが高いと言われる塾でも、一番下のクラスで受験を迎えれば、中堅校さえ合格できないということもめずらしくありません。もちろん、偏差値40を切るような中学を受験すれば合格できないことはないのですが、レベルの高い塾に通っている子どもは、下位クラスであっても偏差値の低い中学をいやがることがほとんどです。

偏差値が低い中学をあえて受験する場合というのは、「ご褒美」のような意味合いのこともあります。もともとの志望校よりずっと偏差値の低い中学でも、「せっかく頑張ったんだから、ひとつだけは合格させてあげましょう。入学するしないはともかく、ご褒美に成功体験を」と塾側にすすめられることが多いのです。

というのも、第一志望よりずっと下の学校でも、実際に合格すると「ともかく受かったんだから」と入学するケースのほうが多いのです。すると、親から「高い授業料を払ったのに志望校に合格できなかった。塾の指導が悪い」というクレームはまずきません。

塾の「下位クラス」には、表にはほとんど出てこないこのような事情もあるのです。

下位クラスで入塾しても、「塾に入ってから頑張って実力を伸ばせばいい」と思われるかもしれません。もちろん塾側も「基礎からしっかり学習すれば、どんどんクラスが上がっていきますよ」と説明するでしょうが、実は**塾に入ってからクラスを上げていくというのは、それほど簡単なことではない**のです。

もちろん塾の先生たちは、下位クラスの授業であっても手を抜いたりはしないでしょう。しかし大手進学塾で、すべての生徒に個別対応し、少しでも実力を伸ばしてやるといったきめ細かい指導をすることは不可能です。また、クラスを決める組み分けテストに出題される応用レベルの問題を、下位クラスでは授業中に扱ってもらえないこともあります。しかも、上位クラスの方が算数の授業時間数が多い塾まであります。

下位から上位にクラスを上げていくには、並々ならぬ覚悟が必要だということをおわかりいただけると思います。どうしても、「生徒」というよりは「お客さん」の扱いになってしまうことが多いのです。

入塾の準備は3年生の9月からスタートするのがベスト

入塾の段階で、とにかくできる限り上のクラスに入っておくことの大切さはわかっていただけたと思います。

さて、そのためには当然「準備」が必要になってきます。中学入試では塾に入るよりもっと前、小学校に入学したところからが本当は大事なのですが、まずは小学4年生から進学塾に通う場合、その「直前」の準備について知っておきましょう。

進学塾の授業についていくには、どの塾の場合も、入塾する段階ですでに基礎訓練がかなり先行している必要があります。算数の問題については、計算問題でも1学年先のものがすでにできる、ということを要求されます。教科書の学年配当部分だけでなく、1学年先まですでに学習を終えておかなくてはならないわけです。

中学受験を検討する場合、「学校の授業であやふやな部分がある、ついていけない」という状態では基本的に無理です。しかし、**学校の授業が完璧に理解できていて、テストが満点でも入塾試験で上位になれるわけではありません。というのも、大手進学塾ではそういう子どものほうが多いからです。**

そのなかで、まずは上位クラスに入るために、「入塾試験対策」が必要になります。すでにお話ししたように、塾の新学期は2月。4年生から塾に行くという場合、3年生の2月から通うことがベストで、そのためには12月または1月に入塾テストを受ける必要があります。入塾テストは随時行っているので2月、3月に受けることもできますが、ぜひ1月までに受けて、2月から通うことを念頭に準備しましょう。

この時期に受けたほうがスムーズに授業についていけますし、上位クラスに入れる可能性が高くなるからです。

だいたい11月から翌年2月に行われる入塾テストには、9月ころから準備しておいた方がいいでしょう。

対策のための問題集としては、私がつくった『中学受験 入塾テストで上位クラスに入る スタートダッシュ［算数］』『中学受験 入塾テストで上位クラスに入る スタートダッシュ［国語］』（共に青春出版社）があります。子どもが自分で読んでわかるように解説しているので、ぜひ手にとってみてください。

参考書としては、『小学3・4年 自由自在 算数』『小学3・4年 自由自在 国語』（共に受験研究社）があります。『自由自在』で基礎力をつけて、最後に『スタートダッシュ算数・国語』で仕上げて、入塾試験を受けるという流れがいいでしょう。

ただし、実を言うと低学年のうちからの勉強も非常に大事で、それが抜けていると『自由自在』を見ても理解ができないかもしれません。3年生からいきなり勉強をはじめるのではなく、小学校低学年から勉強習慣をつけておくことと、「どのようにやるか」をしっかり見てあげることが重要です。低学年では、中学受験をするしないにかかわらず、準拠問題集を毎日がんばりましょう。ただし、あまりレベルの高い問題集をやらせてしまうと、勉強嫌いにしてしまう可能性があります。

私が監修をした『今すぐ始める中学受験（小1～小3算数）』（実務教育出版）などを使って、毎日決まった時間に勉強する習慣と、新しいことを知ったときの楽しさを身につけさせるのがいいでしょう。

3章

中学受験を決めたらまず考え、決めておくべきこと

「受験させることの意味」を答えられますか？

「小学生のうちから長時間受験勉強をさせるのはかわいそうだけど、今頑張っておけば後がラクだから」

「本当はもっとのびのび学校生活やスポーツを楽しませてあげたいとは思うけど……」

お母さんたちからよく聞くセリフです。

しかし、こんな気持ちで子どもに中学受験をさせるべきではありません。

ここまで入試問題の難しさ、塾の授業のたいへんさについて書いてきたとおり、「中学入試」というのは厳しいものです。それは親にとっても子どもにとっても同じで、親子ともに「覚悟」をもって臨むべきなのです。

◎中学受験は子どもにとって、本当に「かわいそう」なことなのか？

◎あとからラクをさせるために、今はイヤイヤ我慢させるようなものなのか？

◎なぜ中学受験をさせようと思うのか？
◎苦しい受験勉強をさせてでもレベルの高い中学に入れたいと思うのは、どうしてなのか？

まず、ご両親にはこれらのことをよく考えてみていただきたいのです。

レベルの高い中学に進むことの目的とは、さらに高度で意味のある勉強をして知識を身につけること、受験学習の過程で学習の仕方を学ぶこと、そして人間として成長するためです。なにも「いい大学に入るため」ではありません。中学、高校、そして大学を通じてしっかりとした知識や思考法を身につけて、社会に出してあげるためです。

レベルの高い中学校に入学して高度な学習を続ければ、結果的にはレベルの高い大学に入学する確率も高くなりますが、目的はそこではありません。**レベルの高い学習ができる環境で身につけた知識や考え方は、子どもの可能性を大きく広げてくれます。**そのために必要なのが「受験勉強」なのです。このことを間違えないようにしましょう。

中学受験は人生に必要なことを教えてくれる

「あとでラクをさせたい」というお母さんの中でも特に危険なのが、「高校、大学受験をしなくていい付属中に」という考え方。

たとえばスポーツを集中的にやりたいというような場合だと、付属中・高は向いている場合も多いでしょう。しかしそうではない場合、入学したとたんに勉強するのをやめてしまう子も多いのです。入学時をピークにだらだらと成績が下がり、せっかく身につけた学習習慣も何もふっとんでしまうケースが少なくありません。

特に「ともかく付属ならどこでもいい」というような気持ちで中堅校以下のレベルの付属に入ってしまった場合、中学、高校の学力が非常に劣ることになりがちです。大学受験で入学した学生と付属から上がってきた学生を比べると、その学力は雲泥の差。大卒という点では同じでも、その後社会に出てからどちらが苦労するかは明らかでしょう。

一方、お父さんがよく言いがちなのは「大学受験のときだけ集中的にやればいいじゃな

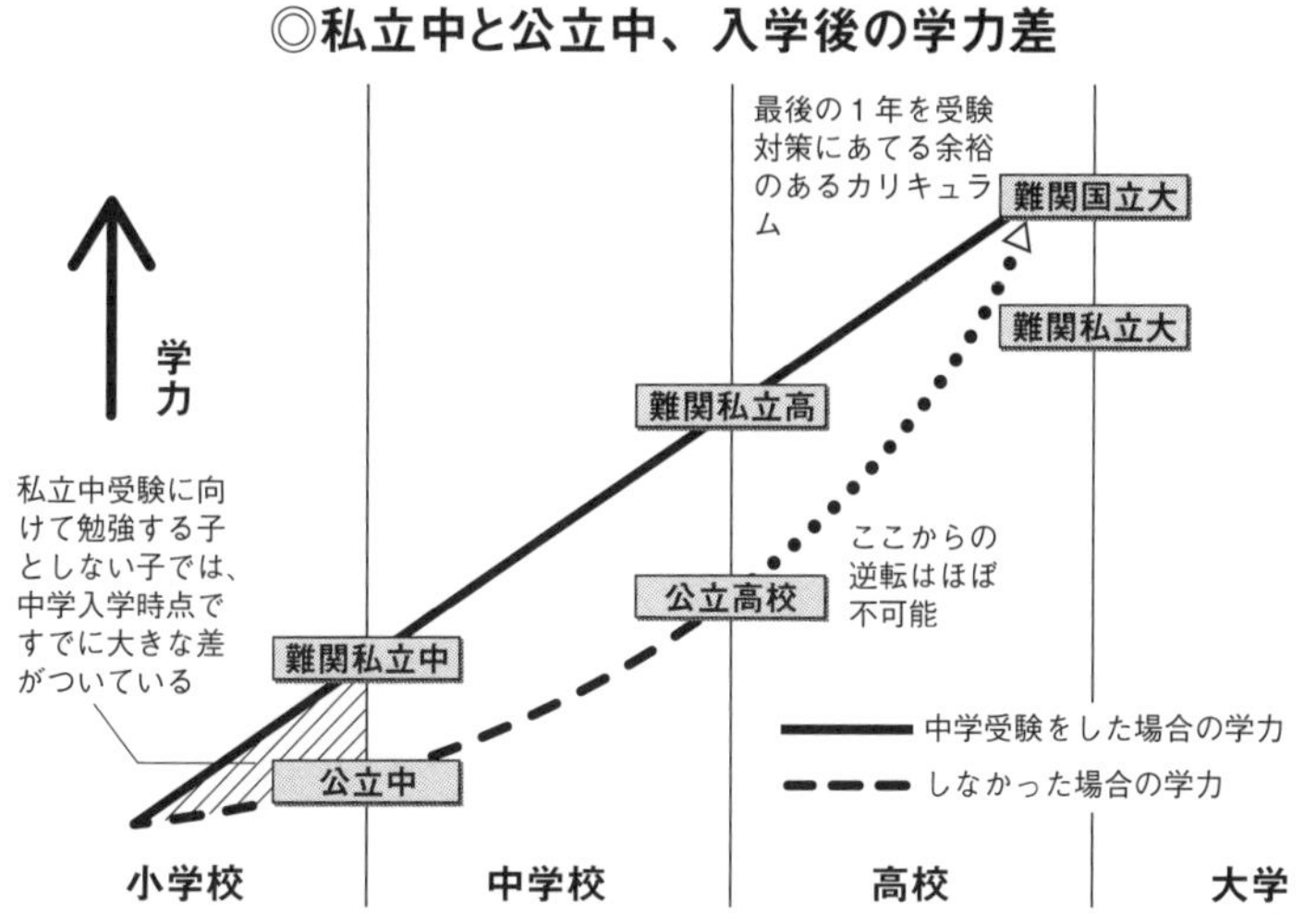

中学受験をした場合、高校受験で初めて受験勉強をした場合、大学入試だけ受験勉強をした場合、子どもの「実力の伸び」は明らかに違う。中学受験をした場合のほうがその後の伸びも大きくなり、差が広がる

いか。どうしても入りたい大学があるなら一浪くらいさせてもいい。今はのびのびさせてやれ」というもの。

ところが、このお父さんの意見にも欠陥があります。**難関国公立大学の合格者は、上位の私立中高一貫校出身者が多くの割合を占めている**という現実があります。ほとんどの私立校の場合、高校3年生の1年間をすべて受験勉強に費やすことができるカリキュラムになっていることに加え、中学受験のときにやってきた勉強が「財産」として子どもに残り、その後も学力を積み上げていけるということが非常に大きいのです。2021年度から実施されている「大学入学共通テスト」においても、中学受験を経験したことが優位にはたらいているはずです。

　高校で初めて難関私立の高等部を受験した場合でも、高校のスタート時点で私立中学出身の子どもとはかなりの差がついてしまっています。進学校の中学生は中2で中3範囲を終えており、すでに高校の勉強を始めてしまっている。高校1年入学時で差がついていると、ここを埋めるのはかなり難しいでしょう。こうした学習内容だけで考えても、**知識や理解の深さは中学受験を乗り越えてきた子どものほうが上であることは、動かしがたい事実**なのです。

　直接的な学習内容以外でも、中学受験の勉強で身につけた時間の使い方はもちろん、集中力の保ち方、モチベーションの上げ方、問題文を精読する力、ミスをチェックする力などは、一度身につければ高校受験や大学受験は当然、一生ものの財産なのです。

大学付属校はなぜ人気が高いのか?

中学受験で最も大切なのは、わが子に合った学校選びです。私立中高一貫校なら男子校、女子校、共学校があり、さらにキリスト教などの宗教校、大学進学実績に重点を置く進学校、グローバル教育に力を入れている学校など、それぞれに特徴があります。

高校受験のない私立中高一貫校で、中高の6年間を伸びのびすごしてほしいと思っているご家庭も多いようですが、その先には大学受験があることを忘れてはいけません。

多くの私立中高一貫校では高2の段階で高校課程に必要な勉強を終え、高3の1年間で大学受験のための勉強をします。そのため、高校受験を経て大学受験に臨む子たちより、大学受験において有利なことはたしかです。

しかし、2020年から続いている大学入試改革はまだ不透明な点も多くあり、最終的にどのような形になるのかは誰にもわかっていません。そこで人気を集めているのが、大学付属の私立中高一貫校です。

大学受験をせずに併設大学へ進学できるという点で、大学付属校はもともと一定の人気を保っていました。大学入試改革を不安視するご家庭が安全策としてそこに加わり、付属校人気が高まってきたということでしょう。

また、東京23区にある私立大学の募集定員増に規制がかけられていることも影響しているようです。人気の高い難関私立大学の募集定員が減れば、今後の大学入試はますます厳しい戦いになることが予想されます。

今も昔も人気の高い大学付属の中高一貫校といえば早稲田、慶應ですが、近年はMARCH《マーチ》（明治、青山学院、立教など）レベルの大学付属校の人気も高まっています。

少子化で大学に入りやすくなっている現在、大学側が危惧するのは学生たちの学力レベルの低下。早い段階から優秀な子を確保するために、付属校の改革を図っています。

特に近年は、優秀な女子を確保しようと男子校が共学化する動きが多くなっています。明治大学明治中といえば伝統的な男子校でしたが、２００８年に共学化すると優秀な女子が集まるようになり、偏差値も大きく伸びました。今では早慶付属校を追い越す勢いです。

高校受験や大学受験に縛られず、10年間伸びのびすごせるという魅力が大学付属校にはありますが、中学受験の難易度と大学受験の難易度が合っていないケースも見られます。そこは各家庭の価値観が問われるところです。

また、学校によっては付属校でも他大学を受験するのが一般的だったり、大学への推薦枠をキープしつつ他大学の入試にチャレンジできる場合もあります。大学付属中高一貫校の受験を検討する際には、その中身をしっかり把握しておきましょう。

私立中学と公立中高一貫校を併願できるケースも

中学受験といえば、ほとんどが「私立中高一貫校を受験すること」を意味していましたが、2005年、東京都に初の公立中高一貫校が開校し、その翌年から5年間で11校の公立中高一貫校が誕生しました。すると、「学費の安い公教育で私立並みの手厚い授業が受けられる」という〝お得感〟から、公立中高一貫校が注目を集めるようになりました。

その人気は衰えることなく、首都圏では2024年度入試でも約4～5倍をキープしており、学校によっては8～9倍というところもあります。私立の最難関校である開成中や麻布中でさえ倍率は3倍以下ですから、公立中高一貫校の「受検」がいかに狭き門であるかがわかります。

しかし、ここ15年で受検する家庭の意識の変化は大きく変わりました。

公立中高一貫校の入学者選別を〝受験〟ではなく〝受検〟と書くように、本番一発の学力テストで決まる私立中高一貫校の中学入試とは大きく異なります。受検の内容は、小学校の成績や活動の記録を反映させた「報告書」と、「適性検査」と呼ばれる筆記テスト。「適性検査」は私立中入試のような教科別の学力テストではなく、教科の枠を越えた総合力が必要な問題が出題されます。知識を問うだけの選択問題や抜き出し問題はほとんどなく、文章やグラフ、資料などを読み、そこから何がわかるかを考え、自分の言葉で表現することが求められます。そのため、解答の多くが記述式です。

公立中高一貫校が登場し始めたころは適性検査の対策を教えてくれる塾が少なく、受検倍率も高いことから、「とりあえず受検してみて、受かればラッキー！」と考えるご家庭も少なくありませんでした。

ところが、年々「適性検査」に関するデータが蓄積され、その対策をとることができる塾が登場すると、単なる〝記念受検〟ではなく、本気で公立中高一貫校を目指す家庭が増えました。現在は、適性検査に強い「ｅｎａ《エナ》」という塾に通い、公立中高一貫校を目指すのが主流になっています。

そのため、同じ中学受験でも私立中高一貫校と公立中高一貫校は別物だと思い込んでいる親御さんが多いようです。

しかし、**私立中学と公立中高一貫校を併願することは可能**です。前述した通り、「適性検査」のような思考系の問題は、私立最難関校の入試ではすでに長年行われてきていることで、何も特別なことではないからです。むしろ、知識量でいえば私立難関校を第一志望にしている子の方が圧倒的に上。論理的思考力や記述力も鍛えられているため、そういう子にとっての公立中高一貫校対策は6年生の10月からでも十分間に合うのです。

ただし、誰でもそれができるわけではありません。ひとくちに最難関校といっても、その入試問題の中身はさまざま。たとえば開成中、麻布中、武蔵中の男子御三家、駒場東邦中、渋谷幕張中、渋谷渋谷中、海城中、栄光中、桜蔭中、雙葉中などの難関校に合格するメドが立っている子であれば、十分に合格可能です。これらの学校の入試問題は、思考力や記述する力を問われている中心だからです。

一方、同じ難関校でも女子学院中、豊島岡女子中、巣鴨中、成城中、世田谷中、本郷中などを第一志望にしている子には、公立中高一貫校との併願はオススメしません。これらの学校の入試問題は知識重視のため、公立中高一貫校の「適性検査」とは入試傾向がまったく違うからです。

また、公立中高一貫校受検を考える場合、それが第一志望なのか、そうでないかによって勉強のやり方が大きく違ってきます。最難関私立中が第一志望だけど、公立中高一貫校も捨てがたいという子は、私立中学受験対策をメインに行っている大手進学塾で受験勉強をすることをオススメします。

逆に公立中高一貫校が第一志望だという子は、適性検査対策に強い塾に通うといいでしょう。その場合、本番前の〝お試し受験〟として、「適性検査型」の入試を実施している中堅校以下の学校の併願を勧められます。

出題傾向が似ている私立中学の入試を本番前に体験しておくのはいいことですが、なかには「適性型入試」とうたっておきながら、中身が伴っていないものもあります。併願をする際はその中身をしっかり確認しておきましょう。

実際は、公立中高一貫校を第一志望にする場合、「ダメなら高校受験でリベンジ」と思っている子が多いようです。これは私立中高一貫校が第一志望の子にはあまり見られません。私立中学を第一志望にしている家庭は、たとえ第一志望がダメでも、第二志望、第三志望の中学へと進学させます。ここが第一志望を私立中学にする子と公立中高一貫校にする子の大きな違いでしょう。

受験勉強させることに罪悪感をもってはいけない

受験勉強は合格するためにするものですが、合格できなくても、実社会に出てから必要なもの、特にどんな仕事についても必ず役に立つものがたくさん詰まっています。

社会に出てから必要な力は学校で身につけるべきだと思うかもしれませんが、**残念ながら今の学校教育で、本当に仕事に必要なことを教えてはくれません。**受験勉強というのは、目標を持って必死で努力する、計画を立てて実践していく、難問に粘り強く挑戦する、前向きに努力できる気持ちのコントロールを学ぶ――こうした訓練を続けることでもあるのです。小学校の4年生から6年生にかけて、これらを高密度で続けるのが「受験勉強」というものの本質なのです。

つまり**受験勉強をさせるのは、決して「かわいそう」なことではありません。**むしろこれらの力を持たず、〝なんとなく〟社会に出てしまうほうが、ずっと子どもにとってかわいそうなことではないでしょうか。

ですから、中学受験をさせること、塾に通わせることに「罪悪感」をもたないでください。罪悪感をもったままだと、どうしても親の口から「これが終わればラクができるから」「今だけ頑張ればいいから」という言葉が出てきます。たしかに、今頑張ってさまざまな力を身につけておけば、社会に出てから「ラク」だとは言えます。論理的な思考力や精神的な強さが身についていれば、社会で降りかかってくる数多くのストレスやプレッシャーに苦しむことも、たやすく負けてしまうこともないからです。

しかし、お母さんがよく言う「あとがラク」というのは、「中学に入学すればあとはあまり勉強しないですむ」「付属に入ってしまえば勉強しなくても大学に入れる」というような種類の「ラク」であることが多いのです。

レベルの高い中学・高校に入れば、レベルの高い子どもたちに囲まれてレベルの高い授業を受けるのですから、そこで力を発揮するためには、さらに努力を続ける必要があります。それができる子どもたちが多く集まるからこそ、「難関校」は結果的に難関大学への進学率も高いわけです。

中学受験というのは、そうした力の「土台」をつくるものなのです。

中学受験を通して"一生モノ"の力を与えられる

高校入試や大学入試と大きく違うのは、それが子どもの力だけではできないという点。**親のサポートがあってはじめてうまくいくというのが、中学入試の最大の特徴です。**

たとえばスケジュール管理は入試の基本ですが、入試当日まであと何日ということだけでなく、たとえば入塾テスト、毎月の塾のテストへの準備、翌週の授業のための準備、その日の授業の復習、テストが終わればテスト直し、教科ごとの宿題、さらに学校の授業、宿題、行事、夏休み——。1日、1週間、1カ月、1年、3年という単位でスケジュールを立て、実行し、チェックして必要なら修正する作業です。これは、ビジネス用語でいう「PDCAサイクル」(Plan-Do-Check-Action) と同じですが、これを小学生の子どもがひとりで行うのはとても無理でしょう。

子どもと一緒に先の予定を見据え、そこから逆算しながらスケジュールを立てるのは親の役割です。これは仕事のスケジュール管理とまったく変わりません。しかも並みの仕事よりずっと密度が濃く要素が多い。スケジュールを立てるほうも、実行するほうも、仕事以上に大変だと言っていいかもしれません。

こうした3年間を経験することは、子どもの人生にとって大きな糧になります。そして実は、親もまた一緒に成長することができるのです。

「正しい方法」で挑戦すれば、中学受験が子どもにとって決して「かわいそう」なものでないことを、ご理解いただけたでしょうか。

楽しそうに勉強している子ほど成績がいい

ただ、やり方や言い方が間違っていたら、時には子どもを押しつぶしてしまうこともあります。親子関係や夫婦関係が険悪になってしまう可能性さえあります。また志望校に合格できなかったとき、子どもに不必要な挫折感だけを残すことにもなりかねません。

中学受験のために勉強することが「かわいそうで異常な状態」だと子どもが認識すると、終わったとたん本当に一切の努力をしようとしなくなります。たとえ志望校に合格しても、そこですぐついていけなくなってしまう可能性もあります。特に付属だとそれは顕著で、まったく努力をしなかったために、せっかく付属に入ったのに高校、大学に進めなかった子どもをたくさん見てきました。

「今の努力はきっと将来役に立つ。今身につけたものの上に、もっとレベルの高いものを積み重ねていけるんだ」という気持ちを、親も子どもも持っていてください。

私はときどき、受験勉強中の5年生、6年生に「なんのために受験するの？」と問いかけます。だいたいの子どもは「いい大学に行くため」と答えます。そこで、「じゃあ、なぜいい大学に行くの？」と聞くと、楽しそうに学習している子どもほど「ちゃんとした大人になるため」「将来の夢を実現するため」「立派な社会人になるため」と答えます。「お金が稼げるから」なんて答える子どもはごく少ない。

子どもたちは、親以上にちゃんとわかっているのです。子どもは親が思うより強く、また親が心配するより勉強そのものを面白いと思っている。「あとでラクをするため」と頑張っているわけではありません。

もちろん、学習量が子どもの体力や精神力の限界を超えてＳＯＳを出している場合もあるので、それにはだれより早く親が気づいてあげなければなりません。しかし子どもに

「後でラクできるから今は気合いと根性で頑張って」などと言い続けるくらいなら、受験などさせないほうがいいと思います。

子どもが受験を通して今より1段ステージを上げ、人間的に成長することが受験の最大の目的であり「効果」です。**学歴にせよ職業にせよ、目的を叶えるために今何が必要なのかを考えて努力できる人間になる。これが一番大事なことを忘れないでください。**

小学校低学年のうちは、特に男の子の場合「受験の目的は自分を高めるためだ」と言ってもまずピンとこないでしょう。親の願いと子どもの気持ちの間には、どうしてもギャップがあります。小学2年生くらいの子に「自分を成長させるために中学受験をしてみよう」と話してみても、何がなんだかわからないでしょう。

しかしこうした大切なことは、常に生活の中で話し合いながら、少しずつ理解させるべきなのです。

夫婦間で受験へのスタンスを必ず一致させておく

そのためには、まず夫婦間でよく話し合って意思を統一しておくことです。お母さんだけが中学受験に熱心で、お父さんは最後まで反対というような場合、まずお母さんが非常に辛いことになります。

父「そんなに勉強させなくてもいいじゃないか」
母「だって今が大事な時期なのよ」
父「別に公立だっていいだろう！」
母「なんのために今まで頑張らせてきたのよ」
父「かわいそうだろ！　見栄はって私立入れたって意味ないよ」
母「今だけ頑張れば後でラクができるのよっ」

というような夫婦げんかに発展したら救いがありません。そんな家庭で勉強を続けなくてはならない子どもが一番かわいそうです。

中学受験というのはまず母親、そしてお父さんのフォローが不可欠です。正確に言うと、お父さんはお母さんをフォローすることが大切な役割なのですが、それには**夫婦間で**

基本的な方針が一致していなければなりません。

一般的に、お母さんの方が「ママ友情報」などから中学受験に対する関心が高まり、私立を受けさせたいと考えることが多いものです。ただ、この「ママ友情報」、あまりアテにはなりません。

「×△君は、駅前の塾に通ってどこそこに合格したんだって」とか「近所の○△中はぜんぜんダメらしい」「△○塾の先生は面白くて大人気らしい」など。

こうした情報から「うちの子もあの塾に入れれば難関校に入れるかもしれない」と考え、**なんとなくで中学受験を始めるとのちのち後悔することになりかねません。**

お母さんは、いきなり子どもに「塾に入って中学受験をしなさい」などと言い出すのではなく、しっかり、じっくり家族と話し合ってください。

「塾に行きたい」という言葉をそのまま信じない

また、もうひとつ「塾に行かせる理由」としてよくあるのが「子どもが行きたいと言っているから」というものです。しかし、子どもの「塾に行きたい」という言葉ほどアテにならないものはありません。

だいたいの場合、「友だちが通っているから」「友だちが面白い先生がいると言っていたから」という程度の理由です。そのときの気分だけでなんとなく言っているだけということも多いのです。たとえば今通っている習いごとやお稽古ごとなどが面白くないから、そこをやめて別のところに行きたいという場合もあります。**子どもに「中学受験に挑戦してみたい」「よりレベルの高い中学に進んで高度な学習をしたい」なんて気持ちは、まずありません。**お母さんがこれを真に受けて、というより「待っていました」とばかりに「じゃあ、中学受験をさせよう」と決意しないことです。

これで中学受験を始めてしまうと、だいたい子どもがだんだんに行きたがらなくなり「自分で行きたいと言ったから行かせたのに!!」と怒る親がいますが、これは親のほうが間違っています。

中学受験、それにともなう塾というのは「子どもの自主性」にまかせるべきものではありません。家庭の方針で決めることです。

親のほうも同じクラスの子どもが行っているから、となんとなく塾に入れてはいけません。塾に行っているといっても、本気で中学入試を考えている子も、補習として考えている子もまざっているからです。

また「習い事代わりに」「親が仕事から戻るまでの間塾に行ってくれれば安心」といった形で塾に行き始めるのも考えものです。こういう塾の使い方もあるでしょうが、中学受験につながるものではありませんから、はっきりと分けて考えるべきです。

学校の授業は〝基礎固め〟として最適

そして「塾に入れっぱなし」では、子どもは絶対に伸びません。むしろ、**親は入れてからの方が大変になることを知っておいてください。**お母さんが仕事を持っている場合は、なんとかして子どもをフォローする時間を分担する必要があります。4年生から6年生までの間は、子どもが自宅にいる時間にはどちらかの親が一緒にいて、できる限り学習をフォローしてあげることが大切です。本気で中学受験のために塾に行かせたいなら、このことをよく自覚して、夫婦でまずしっかり意思統一しておきましょう。

お父さんのほうが受験事情に疎いケースが多いので、まずお母さんが客観的な情報を集め、子どもの資質や性格も考慮したうえで、中学受験をさせるのか、させないのかを話し合ってください。

お父さんはだいたい「まだいいんじゃないか」「公立でいいだろう」というあたりから出発しがちです。「塾なんか行ったら学校の授業がつまらなくなるんじゃないか」「サッカーや野球を思い切りやらせてやりたい」という人も多いと思います。

塾に行くようになっても子どもはかなりの時間を学校で過ごし、もちろん授業も宿題もあります。たしかに、塾に行くようになって学校の授業をバカにして先生の指示もないがしろにする、という子どももいないわけではありません。

しかし、これは「塾が悪い」というより、ご家庭での方針や考え方のほうに問題があるケースが多いように感じます。家庭で「学校の勉強はどうでもいいから塾の勉強のほうを頑張りなさい」と言われている子どもは、学校の勉強をバカにします。

たしかに、塾の授業に比べると学校の授業は物足りないかもしれません。すでに知っていることも多いでしょう。しかし、基本をしっかりやり直すことで新たな発見もあります。すでにわかっているはずのことでも「こういう意味もあったのか」という理解はとても大切です。**「本当によくできる子」はこうした発見を見逃さないし、学校の授業も楽しみます。**また、グループ学習やみんなの前で調べたことを発表するなど、塾では学べないことの中にも大切なことが含まれています。

親は勉強を教えてはいけない

そしてここが大事なことですが、「勉強そのもの」はお父さんもお母さんも教える必要はありません。というより、**親は受験勉強を直接教えないほうがいいのです。**それは前章までにご紹介したとおり、現在の中学入試問題が非常に難しくなってきており、昔ながらの勉強法ではとても解けないものが多いからです。

中学受験を考えるご家庭は両親ともに大卒というケースが多く、いわゆる文系であることも多いのですが、そうすると陥りがちなのが「頑張ればできるはず」という姿勢。長い時間勉強して暗記学習に取り組む受験勉強をした、悪い言葉でいうとガリ勉タイプの人は、たとえば子どもが塾で成績が伸び悩んでいるような場合、「頑張れば大丈夫」「もう少し勉強時間を増やしてみたら」というようなことを言いがちです。すると、子どもの成績は勉強すればするほど下がってしまうことがあります。

こういう場合にすべきなのは、本来は勉強量を減らし、本当にやるべきこと、今やらなくてもいいことを見直すことですが、逆にもっと頑張らせてしまうのです。

これを続けると、子どもは「とにかくたくさん問題をやればいい」という大量演習型の学習や、暗記学習ばかりをするようになってしまいます。

文系の親・理系の親が陥りがちな〝失敗〟

ひと昔前の受験勉強といえば暗記が主流で、特に文系科目はひたすら暗記をすればかなりの点数がとれました。英語、古典、漢文はほぼ暗記がメイン。そして最も暗記に頼っていたであろう科目が日本史、世界史です。それが文系の親の印象に強く残っているのです。**暗記を頑張ったから今の自分がある、と自負している人も多い**でしょう。

前述したように、現在も社会科だけは暗記しなくてはいけない項目が非常に多く、入試科目に社会が含まれることが多い関東の子どもたちは、「社会で点数を稼ごう」と、せっせと暗記します。するとある程度点数も伸びるので、ついほかの科目も「暗記型」の学習に頼ろうとしますが、結果的に全体の伸び悩みの大きな理由につながります。私はこれを便宜的に「社会科脳」と呼んでいますが、文系の親にはこのタイプが多いのです。

理科も暗記でなんとかなる、算数は問題をたくさんやればいい、国語は本をたくさん読んでいる子なら解ける、という風に考えてしまう。

むしろ入試で求められるのは「理系脳」です。といっても、理科と算数ができることが「理系脳」ではありません。公式を暗記するのではなく、その本質的な意味を理解して、初めて見るタイプの問題でも過去のプロセスや解法を組み合わせ、「今何がわかっているのか」を整理し、「どの考え方を使えば解けそうか」ということを予測して、実行し、さらにチェックできる「思考法」のことです。

この理系脳は、算数や理科ばかりではなく国語の問題を解くときにも必要。読解力、心理描写の理解にも、こうした論理的な思考が大切なのです。逆に言えば、国語の論理的な読解力があってはじめて、算数・理科・社会の問題を深く理解できます。

理系の親御さんにも気をつけておいていただきたいのは、前述したとおり「算数や理科は自分で教えられる」と考えないということ。最近の入試問題を見ていただいた通り、**中学受験レベルでもお父さんお母さんが知らない知識、解法が無限にあり、プロの塾講師でさえ手こずるものが数多くあるのです。**

実際の学習テクニックについては塾の先生にまかせて、自宅での「復習」をフォローしてあげるのが一番だということです。

両親の最大の仕事はタイムマネージメント

親はスケジュールを把握して「次は〇〇のテストの準備をしよう」「明日はこれとこれをやっておけばいいね」と促しながら、「よく頑張ったね」とほめてあげる。そして、次の段階では、「今日は何を勉強すればいいと思う?」「明日は何を勉強すればいいと思う?」と質問して、子ども自身にプランを考えさせる。このような役割は、やはりお母さんが向いています。子どもと接する時間が長く、様子を細かく見ているお母さんは、うまく励まして一緒に喜びも辛さもわかち合ってあげられるでしょう。お父さんは、お母さんほどには子どもと接する時間がないかもしれませんが、だからこそできる役割があります。それが、お母さんと子どもを精神的に支えることです。お母さんのグチを聞くだけでもいいのです。お母さんのグチを聞いて、ねぎらってあげることができれば理想的です。

ヒマなときだけ子どもの成績を見て「なんだ、もっと頑張らないと志望校に入れないぞ」とハッパをかけたり、「塾が悪いんじゃないか？　変えたらどうだ」と言い出してみたり、「お父さんは昔こんなに頑張った」と自慢話を始めたりするのは最悪です。お母さんと子どもを追い詰めるだけで、いいことは何もありません。こんなことなら、いっそ無関心ですべて「母親まかせ」のほうがまだマシだと言えるでしょう。

お父さん、お母さん、そして子どもが「3人4脚」で中学入試に臨むことができれば、それは非常に強い家族の絆をつくることにもなります。

挑戦する前に夫婦の意見をまず一致させ、そのうえで両親が共に納得していることが子どもにとっても大きな力になります。お母さんもお父さんも応援してくれる、だから安心して頑張れる、自分が頑張るとそれだけでふたりともほめてくれる、という家庭であれば、中学入試は乗り切れます。

家族もまた、それまで以上に温かく、強い絆を手に入れることができるでしょう。

4章

学力急上昇の切り札「家庭教師」の使い方

家庭教師を併用するなら"週1日"がいい

塾だけで成績が伸びない、またはより学力をつけたい場合、家庭教師を併用するケースもあります。私自身、長年の塾講師を経て現在家庭教師の仕事をしているので、この章ではこれについてもアドバイスをしていきましょう。

中学受験を控えた小学6年生は、1週間に4日は塾に通います。たとえばSAPIXなら、1学期は火・木・土に授業（土曜は土曜特訓）があり、2学期になると日曜日に志望校別特訓が始まるので、週4日になります。

すると残りは週3日。2日は自分で勉強する時間としてキープし、残る1日は家庭教師とともに勉強するというのが、家庭教師と塾の併用で一番多いパターンです。週2回も3回も家庭教師が来てしまうと、自分ひとりで勉強する時間がとれなくなってしまいます。

中学受験における家庭教師の役割というのは、受験勉強をいかに効率的にやるかというアドバイスをしながら、塾の授業で理解があいまいだった部分をきちんと定着させ、試験

で使える状態にすることです。家庭教師だけで中学受験を乗り切るというのは、非常にまれなケース。中学受験に対応できるレベルの家庭教師を最低でも週3回頼み、続けて何年間か来てもらうことになると、費用も大変なものになってしまいます。

「知り合いの東大生」に家庭教師を頼むと必ず失敗する

家庭教師を頼むときに気をつけていただきたいのは、必ず一定以上のレベルの、プロの家庭教師に頼むということです。

「親戚に東大に受かったお兄ちゃんがいるから1週間に一度勉強をみてもらいましょう」というのは、学力をきちんと伸ばしたい場合だとまず失敗します。そのお兄ちゃんがどんなに優秀で、優しくて親切でも、**家庭教師というのは東大に入った人なら誰でもできるというものではない**からです。

遊びの延長レベルで、大学生活の話を聞かせてもらったりするのは楽しいかもしれませんが、家庭教師というのは、いつも本人自身が学問や勉強に対して真摯に向き合い努力し、その姿勢を子どもにも見せなければならない仕事です。本来であれば、学生のアルバイトでできるような仕事ではありません。

ともすれば、東大の学生は「いかに勉強せずに合格したか」を子どもに自慢したりします。特に中学受験を目指す場合には、「何をやらせるか」より「どのようにやらせるか」のほうが大事です。「自分がやってきたやり方」ではなく、その子にあった「やり方」を考えて、指導しなくてはならないのです。

結局ほとんどの場合、問題をたくさん解かせて見ているだけ、暗記の語呂合わせを教えるだけ、みたいなことになってしまいます。「目の前の子どもがなかなか理解してくれない。ではどう教えればいいか」という引き出しを、普通の大学生はほとんど持っていないのです。

スポーツでも、現役選手がいきなりコーチや監督になってもうまくいきません。引退後、指導者になるための勉強を積み重ねて、やっと指導者への道を踏み出すのです。

これは家庭教師でも同じこと。大手塾の場合は、塾内で最低限の研修を行って講師を育成することが可能ですが、家庭教師の派遣会社ではそれがまったくないといっていいのです。自己研修ができないと、いつまでたっても素人のままです。

学力だけじゃない、家庭教師の上手な使い方

家庭教師の「上手な使い方」はいろいろあります。

幼少期に早期教育をやりすぎたりして、小2〜小3で早くも勉強がキライになってしまったという子のような場合、それを修正するために家庭教師を使うのはとても有効です。

また、塾には行っているけど成績が伸び悩みスランプ気味の場合も、家庭教師のサポートでスムーズに抜け出せることもあります。成績が伸び悩んで塾のクラスが下に落ちてしまったりすると、子どもも家庭も暗くなってしまいます。優秀な家庭教師なら、その雰囲気を変えて明るくしてあげることもできるでしょう。受験の直前1年間だけ週1回家庭教師を頼んで、合格をより確実にするというケースも一般的です。

塾で順調に伸びている子どもに家庭教師は必要ないと思いますが、順調に伸びる子のほうが少ないのです。どこかでつまずいたとき、優秀な家庭教師は大きな力になるでしょう。

なお個別指導塾という形もありますが、これは家庭教師のように先生と生徒が1対1に

なるとは限らず、2対1、3対1という場合もあります。基本的には生徒が机を並べて勉強しているところを、先生が回ってくる形です。

きちんとしたカリキュラムを生徒に合わせて組んでくれる個別塾というのは少なく、多くの場合単にアルバイトの学生がいて、質問があれば答えてくれる、という程度です。**親のほうも、家にいると勉強しないから個別塾にでも行かせればいいだろう、というケースが少なくありません。**学習の習慣づけに効果があったという人もいますが、先生の指導力、力量はほぼ期待できないと思っておいたほうがいいでしょう。

家庭教師の力量は親が見抜くしかない

では、優秀で自分の子どもに合った家庭教師はどうやって選べばいいのでしょうか？実はこれ、とても難しい問題なのです。「東大に行ってる親戚のお兄ちゃん」ではダメだと書きましたが、家庭教師の派遣会社もあれば、個人で張り紙をしていることもあります。そこからどうやって力量を見定め、子どもと相性がいい人を探せばいいのでしょうか。

本来なら、**プロの家庭教師を名乗る以上、どんなタイプの子どもに臨機応変に合わせられることが基本ですが、こうした先生は数少ない**というのが現状です。

「先生に来ていただくようになって3カ月以上たつけど、成績がまったく上がらないのですが」と派遣元の会社に電話しても、「相性もありますからね、先生を変えてみましょうか」などと逃げるところは、別の先生が来てもあまり変わらないでしょう。単に力量のない先生が多いのだと思います。「合わなければどんどん先生を変えていいですよ」などと堂々と謳っている会社も非常にあぶなっかしいと言えます。

結局のところ、親がちゃんと先生をチェックして力量を見抜くしかないのです。まずは「体験授業」をしてもらう必要があるのですが、これがなかなかのくせ者。「体験授業あり」と謳っていても、やってくるのは地域の営業担当者や責任者で、実際に担当してくれる先生とは別である場合が多いのです。

家庭教師派遣会社はアルバイトや契約の先生との雇用契約はしっかり結び、トラブルが起きないよう気を遣いますが、肝心の「家庭教師としての力量」を伸ばし、レベルを上げようと教育を行っているところは非常に少ないのです。身だしなみや、「親にこう言われたらこう答えろ」といったマニュアルはあっても、教え方は本人まかせというのがほとんどです。実は塾にも同じことが言えるのですが、「先生の採用」というのはかなり大雑把です。学歴がしっかりしていて学力テストがほどほどにできて、人間的にまあまあ常識的であればすぐに採用されてしまう。

コミュニケーション能力や、臨機応変な教え方のスキルなどはまったくチェックしません。しかも、採用後にまず研修期間を設けて、それが終わってから授業を担当させるというのは非常にまれです。そんなところで時間と労力をかけていては経営が成り立たないからでしょう。「採用後、ただちに現場へ投入」という家庭教師派遣会社も少なくないのです。それでも大手の進学塾であれば、少なくとも中学入試の難問がぜんぜん解けないような人では勤まりませんから、ある程度の力量はあると考えていいのですが、家庭教師になるとその保証もありません。

自分が選んだ参考書をやらせる家庭教師は要注意

家庭教師のスキルで大切なのは、コミュニケーション能力や、子どもの能力や理解度に

合わせた臨機応変な教え方です。さらに高学年の受験対策になると、塾でやっている内容を熟知して、最新の入試傾向も知っておかなければなりませんが、こうした技量を持つ人はごくわずかしかいません。よくいるのは、塾とは別の市販の問題集を持ってきて「これをやりましょう」という家庭教師です。これは、「私は力量がありません」と言っているのと同じです。先生自身が予習しておかないと解ける自信がない、ということだからです。

塾のテキストも、四谷大塚や日能研のものを入手して予習することはできないこともありませんが、SAPIXでは毎週テキストが渡されるので予習もできません。力量のない先生であれば、いきなり解くことはできないと思います。

もちろん先生が解ければいいというだけではなく、その子がどこでつまずきそうか、どこまで説明すればいいか、またこの問題がわからないということは、過去のどこの部分がわかっていないのか、といったことを瞬時に見抜いて、それに合わせた指導ができなければなりません。有名大学に通っているというだけの学生アルバイトには、とても無理です。人間性、コミュニケーション能力、先生の力量をあらかじめ知るには、できる限り「担当予定の先生の体験授業を受けられる会社」を探してください。

それができない場合は、初回に担当の先生が来たとき、注意深く授業の様子を見学してください。その際は、子ども部屋で家庭教師と子どものふたりだけで勉強させないこと。子どもに「どうだった?」と聞いても「やさしかった」「よくわかった」くらいしか答えないでしょう。

なお小学生に家庭教師をつける場合は、できる限りお母さんが最初から最後まで同席して、必要ならメモをとりながら一緒に聞いてください。これは初回に限りません。私も教えるときは必ずリビングかダイニングで子どもと並んで指導し、向かい側などにお母さんに座ってもらっています。子どもの表情の変化を感じてもらいながら、声かけのタイミングやフレーズを学んでもらうためです。

"当たり家庭教師"を選ぶ13のチェックポイント

ここで、家庭教師を決める前、無料体験授業の時にチェックすべきポイントを列挙しておきましょう。

・身だしなみはきちんとしているか?

（→清潔感があり、常識的な服装であればＯＫ）
・きちんと挨拶ができるか？
（→講師自身がきちんと挨拶をし、指導の前後に子どもにも「よろしくお願いします」「ありがとうございました」と言うよう促している）
・正しい位置に座って指導しているか？
（→家庭教師が説明することが多いような場合は右側、子どもの行動を注視する必要が多いような場合は左側に座るのが「正解」）
・子どもとうまく接することができているか？
（→指導中にいいタイミングで声をかけたり質問したり、できたときにはほめて、子どものやる気を盛り上げようとしている）
・子どもを楽しませることができているか？
（→講師が楽しませようという努力、工夫をしている）
・通常のコミュニケーション能力があるか？
（→家庭教師の中には、実は対人恐怖症ぎみの人も）
・親の相談にきちんと乗ってくれるか？

（↓たとえば塾の勉強の進め方、塾の先生との接し方、志望校対策、最近の子どもの成長具合などに的確なアドバイスができる）

・講師としての指導スキル、力量は十分か？

（↓初見の問題でもすぐに説明ができる。またひとつの問題に複数の解法を示すことができる）

・子どもの個性やクセをすぐに見抜けているか？

（↓子どもが最近受けたテストを見せて、チェックしてもらうとわかる。点数ではなく、式や余白の書き込み、メモのような「作業の痕跡」から子どものクセなどを見抜ける）

・学習に必要な「姿勢」「鉛筆の持ち方」まで指導しているか？

（↓子どもの目線の動き、鉛筆の持ち方、座る姿勢など、基本的なところまで注意をはらってくれている）

・授業中に子ども自身に説明をさせているか？

（↓ときには講師が生徒役になって、子ども自身に解法の説明をさせる）

・短所ばかりを注意していないか？

（↓子どもの長所を見つけてほめる）

・やたらに叱ったり、怒鳴ったりしないか？

（↓注意をするときはおだやかに、普段は笑顔で接してくれる。叱咤激励ばかりではない）

家庭教師は「安かろう悪かろう」が常識

こうしたことを、たった一度の体験授業や初回の授業ですべて見抜くのは難しいかもしれませんが、**いい先生に巡り会うことができれば、家庭教師は親にとっても子どもにとっても非常に強い味方になります。**特に中学受験のときは、週に1回、レベルの高い家庭教師が来てくれれば、塾でのつまずきについて相談ができますし、受験までにすべきことなども子どもに合わせてスケジュールを立ててくれるでしょう。

塾の指導はクラス全体で共通ですから、すべての子どもにピッタリとはいきません。優秀な家庭教師なら「塾でこの問題をやれと言われた」という場合も、「今はこれはやらなくてもいいよ。むしろこっちをやっておこう」という個別の指導もできます。

ただ、どれもこれも先生にある程度の力量が必要です。ですから先に挙げたチェックポイントの中で、あらかじめ「こういう先生に来てほしい」という希望を出せる限り、会社側に伝えておきましょう。要求レベルが高いことがわかれば、会社のほうもそれなりのレベルの講師を派遣しようと考えるはずです。

家庭教師の場合、塾より費用がかさむためご家庭にとっては大きな負担ですが、残念ながら家庭教師は「安かろう悪かろう」が常識だと思ってください。1時間あたり3000円、5000円というようなところもありますが、これはもう学生アルバイトのレベルです。というのは、本当にプロの家庭教師として生計を立てるには、数千円ではまったく足りません。家庭教師で「食っていこう」と思っても、使える時間は放課後の数時間だけ。週5日、1日に2家庭ずつ訪問できたとしても、1回の手取り額が3000円では、1カ月の収入は12万円にしかならないのですから。

ということは、**本当の意味での「プロ」を望むなら、1回1時間あたり最低でも1万円を超えるような講師にすべきです。**

私が主宰する会社に在籍しているほとんどの先生は、大手塾に行けばすぐにでも教科の責任者になれる程度の力量を持っています。その力量に見合う収入を得てもらえることを意識しています。本当に質の高いプロ家庭教師にはそれなりの費用が必要だという「内情」も、少しだけ知っておいてください。

5章

親が必ずすべき習慣・やってはいけない習慣

「生活知識」と「身体感覚」が学力を〝後伸び〟させるカギ

中学受験をするかしないかにかかわらず、**小学校高学年、中学、高校と子どもの力を着実に伸ばせるかどうかは、実は幼児期から小学校3年生までにかかっています。**「力」というのは学力だけではありません。一生を通して大切なコミュニケーションの力、論理的に考える力、粘り強く努力する姿勢、知的好奇心といったものすべての「土台」は、この時期につくられるのです。

この土台ができていないと、4年生から本格的に受験勉強を始めたとき、つまずきの原因になります。4年生になって塾に行き始めてから、こうした土台をつくり直すのはかなり大変です。土台のない上に、どんどん高度な知識や問題演習を積み重ねても、もう一段レベルアップすべきときに足踏みをしてしまい、逆に成績が下がっていってしまいます。

この土台というのは、家庭で培われるものなのです。

中学受験には親のかかわり方が非常に大切だとここまで述べてきましたが、親子のかかわり、家族のありかたは、塾以前に最も大切なのです。

これは早期教育が大事だとか、小学校1年生から進学塾に行け、というようなことではありません。また、単に九九を暗記する、計算問題をたくさん解く、漢字をおぼえるなどの基礎訓練をしっかりするというだけでもありません。

日常から得られる生活知識、そして身体感覚を身につけておくのが、何よりも大切なことなのです。

値段や時間を「ユニット」として考える力

たとえば、お母さんに頼まれておつかいに行く、小遣いをもらって「あといくら残っているかな」と数える、お母さんが「あと15分で晩ご飯ですよ」と声をかける、といった**当たり前の日常のなかに、大事なことが含まれています。**

小学生の算数では、「数をユニットとして考えられるかどうか」がとても大切。たとえば、1時間の半分が30分で、15分は1時間の4分の1だということが感覚的にわかるかどうかといったものです。時間を「15分」のユニットとして考えれば、それが4つ集まって1時間、「30分」をユニットと考えれば、ふたつ集まって1時間、という具合です。

これは、「60÷30」「60÷15」「60÷4」「15×2」「15×4」といった計算ができるかどうかではなく、数をまとまったユニットとして視覚的にとらえられるか、という意味です。

25円を4つ集めると100円、ということがすぐにわかることが大切なのです。

ここがはっきりしないまま計算問題の学習を始めると、10進法でもつまずきます。10のカタマリが10個あって100になることが直感的にわからないために、繰り上がり繰り下がりの足し算引き算が出てくると、「10の位に1を足す」とか「10の位から、1を借りてきて……」というような計算で混乱してしまうのです。

発展学習として2進法、8進法などを学習する段になると、もはやさっぱりわからなくなる。ユニットで考えることができれば、10進数は「0〜9の10個」だけど、2進法なら「0と1の2個」になるだけ、ということもすぐに「なるほど」と理解できるのです。

こういう考え方は、幼児期から小学校低学年の日常生活のなかで身につけておくべきものです。買い物から帰ってから、硬貨を並べて子どもと数える、「10円玉が10個で100円だね」「あと10円玉が12個あるけど全部でいくらかな」といった**遊びのようなことから、**

自然に覚えていくのが一番いいのです。

子どもの学力は「キッチン」で伸ばせる

また重さや体積についても、幼いころの経験で得た身体感覚がその後の学習に関わってきます。バケツ1杯の水を持ち上げるととても重いけど、同じくらいの体積の枕ならすごく軽い。このようなことを経験的に知っていると、「比重」について習ったときにすぐ本質を理解できます。同じ段ボールでも本がぎっしり詰まったものは重く、洋服が詰まっていると軽い。大人にとって当たり前のことかもしれませんが、このようなとき、お母さんは「同じ大きさの箱なのに、中身によってぜんぜん重さが違うねぇ」と話してあげてください。興味を持つ子どもだったら、同じ容量のペットボトルに水とトマトジュースを入れて、重さを比べてみるのもいいと思います。

キッチンというのは、こうした身体感覚を子どもが自然に身につけるには最適の場所です。花を買ってきたら断面を見せる、しおれた花を水につけてシャキっとするのを見せる、野菜を切ったらどれが種なのかを教えてあげる、塩をふると野菜の水分が抜けてしんなりするのを見せる――など、いくらでもあります。何も道管、師管、浸透圧、などという用語を教える必要はまったくありません。

やがて学校でこうしたことを習ったとき、その子は「お母さんが見せてくれたあれだ」とすぐに気づくはずです。

子どもたちを教えていると「え、こんなことも知らないの？」という場面にしばしば出くわします。たとえば4年生くらいの子どもに「お店の利益」と言っても、それが何なのかわからない。仕入れ金額と売値の違いがわからないのです。一緒に買い物に行ったときなどに、「このお店はたくさん品物が並んでいるけど、どこから持ってきてると思う？」といった話をしていれば、自然に「お店は品物を問屋などから仕入れ、それに利益を乗せて売っている」ということがわかるでしょう。

植物の知識が非常に乏しい子も多い。稲がどんなものか見たことがない、という子はめずらしくありません。テレビでは見たことがあっても、それが自分たちの食べる「お米」と結びついていないのです。理科で「単子葉植物、双子葉植物」を習い、「葉が細く、すじがまっすぐな方が単子葉だよ」と教えても、実際の稲を見たことがなければそれを理解するには時間がかかるでしょう。

親子で〝感情を動かす〟ことを心がける

実際にすべてを経験することなどはできませんが、いつも親子の会話があり、連れ立って買い物に行き、子どもが興味を持ったものがあったらすぐに一緒に調べられる図鑑などがあり、時には家族で水族館や動物園、公園に出かける環境があるなら、こうした身体感覚、生活知識は自然に身についていきます。

子どもと一緒にテレビを見ているときも、なるべく子どもの好奇心を育てる言葉をかけ、わからないことがあれば一緒に調べましょう。ニュースばかり見ている必要などありません。バラエティでもドラマでも、子どもが興味をもつことはたくさんあります。**子どもの興味や好奇心の芽を見逃さずにそれを育て、広げてあげてほしいのです。**

遊園地の絶叫マシンに乗って下っていくスピードの変化を体験したり、落下速度や角度、乗っている時間、なぜぐるりと一回転しても人が落ちないのか、などを考えてみるのもいいです。材料はいくらでもあります。

こうした体験を子どもとするときは、一緒に親自身が喜び驚いてください。「この子は恐竜が好きなんだな」と思ったら、一緒に図鑑を見て「うわぁ大きい」と驚き、「どうせなら実物の骨を見に行こう」と博物館に誘って、子ども以上に驚きましょう。単に図鑑を買い与えたり連れていくだけでなく、親自身が感情を動かすことで、子どもは伸びていきます。夫婦の信頼関係がしっかりしていれば、「恐竜関係はお父さん」でもいいでしょう。

両親のどちらかが、子どもと一緒に感情を動かしてあげることです。

家庭教師をしていると、私が教えている横でお母さんも楽しんで聞いている家庭の子どもは、非常に短期間で伸びます。これは何年生でも変わりません。親が面白がれば子どもも面白がるのです。

こうした中で育った子どもは、中学入試でもうまくいきます。幼いころから育まれた知的好奇心や身体感覚、生活で得た知識があり、同時に小学校で習う基礎的な「読み、書き、ソロバン」の訓練ができている子は、小学校4年生からの受験勉強も非常にスムーズです。

単に「読み、書き、ソロバン」に長けているだけで生活体験が貧弱な子どもは、小学校

英才教育のほとんどは有害ですらある

4年生までは「できる子」でいられますが、その後が苦しくなってきます。

幼児期から早期英才教育を謳う塾などに通わせているご家庭もありますが、早期教育よりまずは家庭の環境、会話を第一に考えましょう。

しかもこうした**「早期英才教育」というのはほとんどが役に立たず、むしろその後よくない影響が出ることも多いのです。**

英才教育などしなくても、脳は適切な時期に適切な速度で成長していきます。自然に逆らって特殊な方法で成長速度を上げようとすると、必ずどこかにひずみが出てきます。

たとえばフラッシュカードを使ったもの、右脳教育など、いずれも訓練すれば反射的にどんどん答えが出せるようになりますが、「わかった！」「なるほど！」という理解、納得感、面白さはなく、感情はまったく動いていません。

早い時期から機械的に直感だけの訓練ばかりを続けていると、文章を読んでも感情の動きが理解できない、好きなことをしているはずなのに表情が動かない、遊びに連れて行ってもあまり楽しそうでないなど、感情の起伏が起きにくくなってしまうのです。

さらに直感に頼る学習ばかりしていると、小学校高学年になり、本格的に考えなくてはならない発展的な問題も「カン」だけで解こうとします。文章問題も、適当にパッと見て意味がわかったような気になってしまうのです。

小学生向けの速読教室というものもありますが、私はまったく不要だと思います。この速読練習は、黙読のスピードを上げる目的で行われます。多くのケースでは、目から入った文字を含む画像情報から意味を抽出するよりも何倍も速い視線移動を要求されます。このような速読で読書が好きになるわけでもないし、教科書も塾のテキストも、試験問題も通常のスピードで読めれば十分。

むしろ、情景を想像しながら心理を感じ取る読書本来の楽しみを知らない子どもになってしまうでしょう。私が知る限り、**速読をやっている子はまず国語の成績が下がり、続いて算数がダメになります。**

面白みのない基礎訓練は親が「楽しく」させる

小学校1年生から塾に行かせる必要はないと書きましたが、別に「行ってはいけない」という意味ではありません。たとえば公文は基礎訓練の反復ですから、それなりに効果が出る子はたくさんいます。ただ、発展的な受験勉強に直接役立つものではありません。

学校の授業が十分理解できない場合は補習塾を利用するのも悪くありませんが、進学塾と同様、塾にまかせっぱなしで「塾の宿題をやりなさい」と言うだけでは意味がありません。塾でやったことをきちんと復習させ、宿題もきちんとフォローし、テスト直しも親が常にそばについてやらせることが大事です。小1〜小3の子どもに、自分で計画を立てて学校の宿題、塾の宿題、復習などをやらせるのは不可能です。

ひとつつけ加えると、**「中学受験対策」の進学塾に小1〜小3から通わせる意味はほとんどない**と思います。そもそも進学塾がこの学年の子どもを集めるのは、小4〜小6で通ってもらう「囲い込み」の意味合いの方が大きいからです。もちろん一番囲い込みたいのは、超難関校に挑戦できそうな「レベルの高い子」です。

低学年の塾の学習というのは、基本的にそんなに「楽しい」ものではありません。

小4〜小6の進学塾だと、学校とはまったく違う塾の先生の授業そのものの楽しさがあるし、「わかった！」「なるほど！」と感じたときのうれしさもあります。こうした楽しさは、基礎訓練を土台とする発展学習のなかにあります。この「なるほど」を繰り返すほど、子どもは伸びるのです。

しかし、小1〜小3の塾においては、進学塾系は受験問題の先取りが多く、補習塾系は簡単なことの繰り返しがほとんどですから、楽しくないと感じる子どもが多いのです。公文も、たくさんのプリント宿題に四苦八苦する子どもがいます。だからこそ、ゲーム感覚で「昨日よりたくさんできた！」「早くなった！」と楽しめる工夫や演出をして、教室の先生も意識的にほめる機会を多くしているわけです。

家庭で塾の宿題や復習などをしているとき、楽しい演出をしてあげられるのはお母さんしかいません。勉強しているときに励まし、笑いかけ、ほめてやってください。子どもはお母さんが笑いかけほめてくれることで「今自分がやっていることは、いいことなのだ」と判断できるのです。

宿題をやっているとき、お母さんがしかめっ面でにらんでいたら、楽しくないものがますます楽しくなくなるだけ。勉強が好きになるはずがありません。**好きではないこと、楽しくないことが長続きするわけがない**のです。

勉強量のキャパシティを見きわめる

早期教育、公文、ソロバン、補習塾、ついでに通信講座もやり、さらにスイミングにも行かせ、週に6日は何かしら予定があり、お母さんはすべて熱心に指導――。

こういう環境で育った子どもが、いざ中学受験という5年生、6年生になって、「あれほどやったのになぜ」というほど普通の成績しかとれないことがあります。そのような場合、小学校2年生くらいの時点で、すでに「勉強ぎらい」になっているケースが多いのです。

やるべきことを終えて遊んでいても、それだけでお母さんの機嫌が悪くなるような家庭だと、子どもはますます勉強をイヤがり、当然成績も伸び悩みます。子どもはお母さんのよろこぶ顔がうれしいから言われたとおり勉強するのですが、勉強しているときは「当然」という顔で笑顔は見せてくれず、少しでも勉強以外のことをすれば不機嫌になる――。このような状況では、子どもは何ひとつ楽しいことがないと感じてしまいます。

塾も、習い事も、子どもによってその年齢におけるキャパシティが違います。どのあたりが自分の子どもの限界なのかを注意深く見てあげてください。小1～小3で「やりたいというからやらせてみたけど、成績も上がっていないし楽しそうでもない」「親子の会話がなんだかトゲトゲしくなってきた」「お母さん自身もイライラしている」という状態になったら、一度習い事や塾を全部やめるか、減らしてみることをおすすめします。

サッカーやスイミングやピアノなどの習い事の場合も、本人が楽しくないものは決して効果が出ません。練習が辛くても本質的に好きなことなら子どもは楽しんで続けますが、好きでなければ上達することはないでしょう。スポーツなどの場合は、親も「どうしてもイヤならやめていいよ」と言いやすいですが、勉強の場合「やめていい」とはなりません。本人がイヤでも宿題はやらせなくてはいけないし、授業をきちんと聞くよう言い聞かせなければならないのです。

しかし、低学年の塾や通信教育のようなものが多すぎるようであれば、「もっと頑張りなさい」と無理強いしても仕方がないでしょう。

「塾に行きたくない」と言い出す理由は　勉強がイヤだ、ということ以外にもいろいろあります。たとえば塾の友だちにいじめられた、塾の先生に厳しく叱られた、先生がキライ、塾の時間に別の習い事がしたい、などなどです。オーバーワークだとは思えないのに塾をイヤがる場合は、塾の先生に様子を聞くなどして原因を探ってから対処しましょう。

小学校低学年では「どのようにやるか」が重要

小学校1年生で最初に身につけさせなくてはならないのは、「学校の宿題を必ずやる」という習慣です。学校の宿題は簡単なものでも毎日出ますから、宿題はなるべく毎日同じ時間帯にさせましょう。それ以外に教科書準拠の問題集などを少し加えておけば、中学受験を考える場合でも十分です。

1年生なら1日20～30分、どんなに時間がかかっても40～50分で終わる分量が限界でしょう。1教科あたりの集中できる時間は「10分×学年」が標準だと考えてください。これを毎日の生活に習慣として、クセとして取り込むようにすればいいのです。

勉強は、常に「何を」「どのように」やるのかを考えましょう。「何を」というのは、「国語の宿題と、参考書の10〜12ページ」というようなことですが、「やればいい」「終わればいい」わけではありません。むしろ、「どのようにやるか」ということのほうが重要です。小学校低学年のうちに、ていねいにやることをクセにしておきましょう。学校の宿題をすごい勢いで片づけたりしてはいけません。

やさしい問題でも問題文をきちんと読み、字をていねいに書き、落ちついて答えを書いてきちんとチェックする。◯×式や選択肢がある問題でも、きちんと文字や記号、数字を解答欄の枠の中央にていねいに書いているか、テキストへの書き込みは後から読みやすくなっているか、教科書やプリントをクシャクシャにしていないか。こうしたことはお母さんが気をつけてあげてください。

いきなり完璧にはできなくても、毎日少しずつ、昨日より1ランクでもていねいにやらせるようにしてください。**「ていねいにやる」というのは、実は「正しい答え」について興味を持つこと**だと言い換えてもいいでしょう。そこに至るまでの過程を大事にし、せっかく導き出した正答は、ていねいに書き込む。終わらせることだけに意味があると思わせないようにするのです。

学校の先生が宿題をチェックする際、「合っているか間違っているか」にはほとんど興味をもちません。「やってきたかどうか」が最大のポイントで、間違っていても「やってきた」ならハンコを押してくれます。「どこで間違ったのか」「なぜ間違ったのか」ということまで考慮して指導してくれるわけではないのです。

お母さんも同様で、つい「宿題はやったの？」「終わった」「じゃあテレビを見てもいいわ」ということになりがちです。

毎日決まった時間帯に、ていねいに勉強する習慣がつくまでは、常につき添ってあげてください。習慣がつけば多少目を離しても大丈夫ですが、やはり子どもはラクなほうに流れていきます。特に男の子は「さっさと終わらせて遊びたい」と、だんだん乱暴に片づけてしまうようになるので、もう大丈夫と思っても1週間に一度くらいは、手綱を締め直してあげましょう。叱りつける必要はないですが、昨日よりていねいにできていれば、ほめて励ましてあげてください。

「鉛筆のもち方」は成績に直結する

ていねいに宿題をするために気をつけたいのが鉛筆のもち方とノートのとり方です。

塾の講師をしていて気づいたことですが、問題用紙に残った計算のあとなどを見ていて、「ずいぶん汚いなあ」と思った子に鉛筆をもたせ「きれいな字を書いてごらん」と言うと、半数の子は書けるのですが、残りの半数はきれいに書こうとしても書けない。そしてその子たちの手元を見ると、みんな鉛筆の持ち方がおかしいのです。

伸ばした親指と人指し指だけで持っていたり、全部の指で握りしめていたり、あるいは鉛筆が垂直に立った状態で持っていたり……。

鉛筆が正しく持てないと、学習の能率は大きく落ちます。「字が汚くて計算間違いが多い」という子がいますが、鉛筆の持ち方が悪いため、きれいに書こうとしても書けないことが原因なのです。成長してから鉛筆の持ち方を直すのは、お箸の持ち方を直すのと同様でなかなか大変です。小学校低学年のうちに気をつけてあげてください。

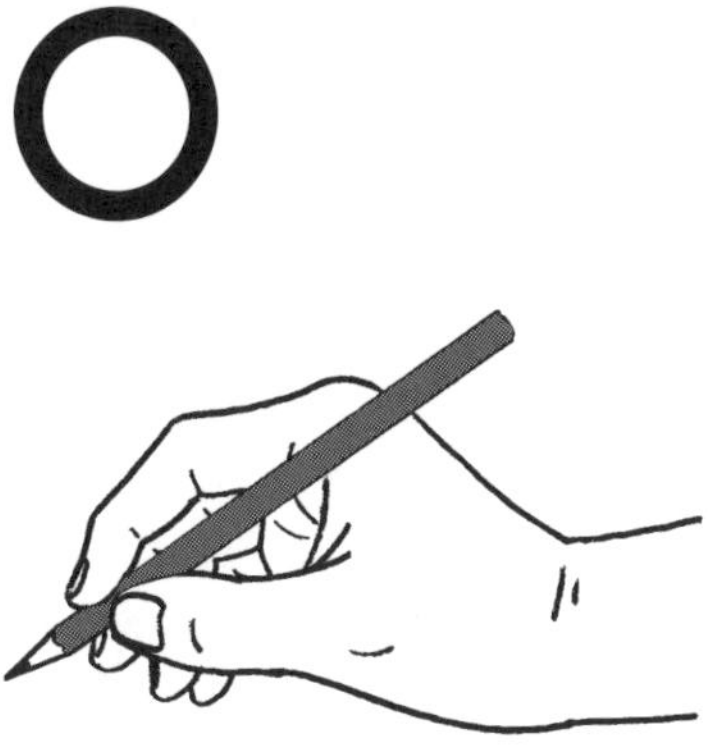

正しいもち方

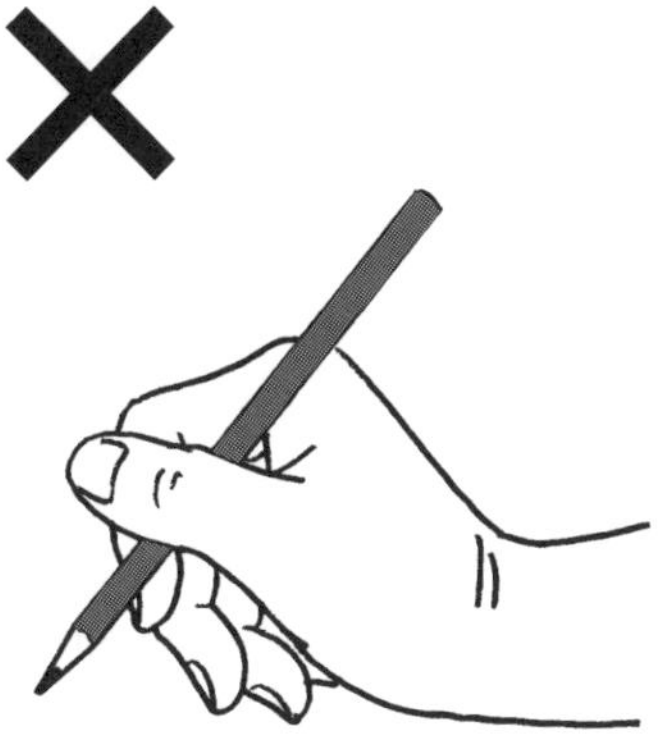

親指と人差し指だけでもっている

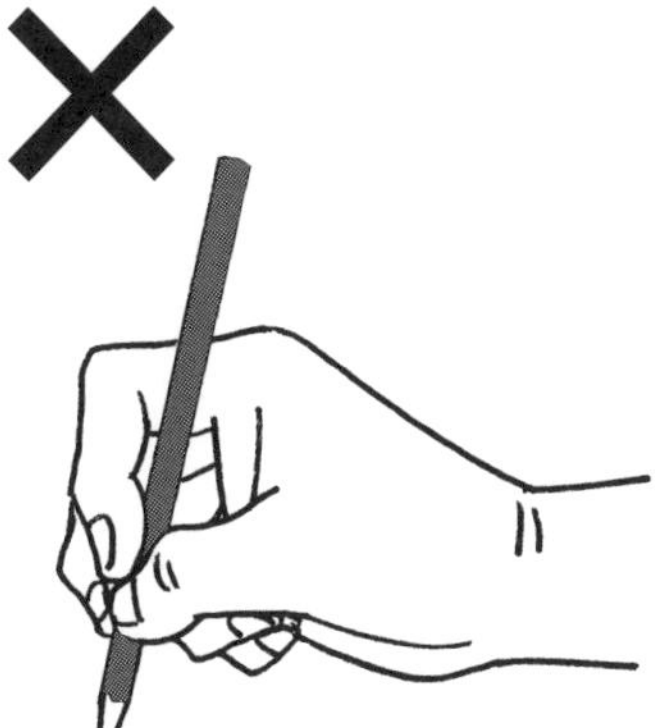

親指、人差し指、中指で
握り、立ててもっている

指で握り込むようにもっている

正しい角度できちんと鉛筆を持つと、右目だけで見ても左目だけで見ても、鉛筆の芯の先端がよく見えます。自分の書いている文字がよく見えない状態のまま書いていると、さらに持ち方が悪くなっていきます。

書いていてすぐに疲れる、スムーズに鉛筆を動かせないというような状態では、線や図形を正確に書けません。書いた文字がきちんと見えていないと、数字を書き間違えたり、書いた数字を読み間違えたりするミスにつながります。将来、数学で「＋（プラス）」や「－（マイナス）」が出てくると必ず間違えてしまうでしょう。

鉛筆の持ち方がおかしいと思ったら、いきなり叱ったりせず穏やかに少しずつ直してあげてください。高学年になればシャープペンシルや、クッションのついた太い筆記用具を使うこともあるでしょうが、低学年のうちは鉛筆の正しい持ち方を身につけておくべきです。まだ指や手に力がなく筆圧が弱いうちから硬めのシャープペンシルなどを使っていると、軸の細さや芯の硬さに指を合わせようと不自然な持ち方になってしまうことがあります。

「ノートのとり方」も教えてあげなければならない

また、ノートのとり方にも鉛筆の持ち方は大きく影響します。問題を解くとき、問題文の余白に考え方を書いていくことが多いのですが、その文字がどんどん曲がっていったり、改行するごとに右のほうに寄っていってしまったりします。

問題文への書き込みや授業中のメモは、後から自分の考え方をたどるうえでとても大切です。これが汚いと、復習のときもテスト直しのときにとても困ります。また、持ち方が間違っていると自分で書いた文字を自分の手で隠してしまうこともあります。算数の問題文が手で隠れたまま解こうとしている子もよく見かけます。

きれいな、というより読みやすいていねいな文字でメモやノートが書けることは、論理的な考え方の基本。自分が書き取った言葉や数字をもとに次の思考に進めるわけですから、一度元に戻って考えようとするとき、自分が書いたものの意味がわからないと先に進めなくなってしまうのです。

さて、鉛筆が正しく持てるようになったら、**ノートは右目の前に置かせてください。**書き込みたいページを右目のまっすぐ下に置くことです。こうすると、鉛筆の角度は自然に45度になり、正しい持ち方のまま書けます。もちろん、縦、横の線も引きやすい。

体の真正面にノートを置くとどうしても腕がきゅうくつになり、鉛筆が真横を向いてしまいます。書きにくいので、子どもはノートを傾けてしまう。だんだんその傾きがひどくなると右手のヒジが机の上に乗ってしまう姿勢になり、手首が内側に曲がってしまいます。この姿勢で線をまっすぐ横に引くことはできません。低学年の子どもが宿題をするときは、必ず鉛筆の持ち方に留意しましょう。悪い持ち方は学習に影響を与えるだけでなく、そのまま続けると関節が変形して固まってしまうことさえあります。

左利きの子どもについては、無理なくできるなら右利きに直してあげたほうがいいと思います。もともと日本語の文字は左利きには書きにくいうえ、横書きの場合は自分で書いた文字が隠れてしまいます。そのため、鉛筆の持ち方やノートの書き方が不自然になりがちです。

線分図やグラフも左側を起点とするため、左利きだと起点を手で隠しながら書き進めていくことになり効率がよくありません。左利きのままでは算数で少し損をします。

右目のまっすぐ下にノートを置くと、鉛筆の角度は自然に 45 度になり、正しい持ち方のまま書ける

体の真正面にノートを置くと腕がきゅうくつになり、鉛筆が真横を向いてしまう。書きにくいのでノートがだんだん傾き、ひどくなると右手のヒジが机の上に乗って、手首が内側に曲がってしまう

あまり無理やり矯正しようとせず、「右も左もどちらも使えるようになろう」というように、少しずつやってみてください。どうしても矯正しなければならない、というものではありません。

「音読」はすべての教科の力を伸ばしてくれる

小学校低学年のうちからやらせてほしいのが「音読」です。小学1年生からぜひやってください。読むものは教科書でもいいし、童話でもかまいません。子どもが飽きてしまうようだったら、2年生、3年生向けのものでもいいでしょう（わざわざ難しいものを読ませる必要はまったくありません）。

音読の大切さについては、『声に出して読みたい日本語』（草思社）の著者である齋藤孝先生も繰り返し説明しているとおりですが、ぜひ1年生から実践してみてください。

スムーズに音読する練習を続けると、周辺視野も鍛えられます。つまり、今声に出している部分より先を目で追えないと、すぐにつかえてしまうからです。こうした目の動きは、いろいろな学習でも必要になります。

また、文節の中で単語の意味を理解することで、語感を鍛えることもできます、助詞の使い方がわかるようになることも、とても大きいと思います。

5、6年生になっても「30－5」を「30を5で引く」と言ってしまう子がいます。「30から5を引く」が自然に出てこない。「30を5で割る」「30に5をかける」なども同じで、**日本語の「を」「から」「で」「に」などの助詞をきちんと使い分けることができないと、すべての教科の学習で苦労します。**これは音読経験の不足が大きな原因です。

きちんと声に出して音読すると、黙読だけでは理解できなかったことも、不思議なほど理解できることがあります。

「先生、この問題わからない」と算数の文章問題文を持ってきたとき、「じゃあ、まず問題文を声に出して読んでごらん」と音読させると、それだけで「あ、わかった！」と解き始めることが非常に多いのです。

算数の文章問題には、「3行の壁」と言われるものがあります。文章題の問題文が3行を超えるとチンプンカンプンになってしまう子どもが少なからずいるのですが、**音読の習慣がある子はこの壁をすぐに超えられる**のです。

音読にも「通常の音読」と「速音読」の2種類ある

勉強が苦手な子の読み方を見ていると、問題文を読んでいるようでぜんぜん読んでいないということが多いようです。10行あるのに、目の動きを見ていると5往復くらいしかしていません。こういう場合も、問題文を音読させると解ける場合がけっこうあります。

子どもに音読させるときに私がおすすめしているのは、「通常の音読」と「速音読」のふたつを組み合わせる方法です。

通常の音読は感情を込め抑揚や緩急をつけて読みます。一方、速音読はできるだけ滑舌よくハキハキと、速いスピードで読みます。そのふたつをやってみましょう。前者は童話などに、後者は説明的な文章を読むときに適しています。小学1年生だったら、小学生新聞のようなものや、動物や宇宙のことなどを書いた子ども向けの科学読物などがいいですね。

音読することで文章に込められた感情を読み取る力がつき、文章同士のつながりの理解が進みます。一方、黙読を訓練するとスピーディーに読むことができるようになります。しかし、黙読だけだと感情がわからなくても筋だけ追ってしまったり、めんどうな文章を飛ばし読みしてしまったりするようになりがちです。

特に、小学校低学年のうちはしっかり音読することでこうした力が育ち、確実に黙読の場合の読解力も伸びます。

大人の読書家になると、文字という視覚的画像情報が直接、意味情報に変わるそうですが、文字を読むことを覚えたばかりの子どもは、まず視覚情報を音の情報にしてから意味情報に変えることが多いのです。だから、最初の段階では音読を大切にしてください。

なぜ「読書好き」でも国語ができない子がいるのか

読書好きなのに国語の成績が悪い子というのは、実はたくさんいます。「うちの子はものすごくたくさん本を読んでいるのに、国語の偏差値が30なんです。どうしてでしょう……」と困っているお母さんがたくさんいるのです。

そこで、その子の読書傾向や読書の仕方をよく観察してみると、ほとんどが「ストーリーを追うだけ」の読書です。どんどん飛ばし読みに慣れてしまって、あらすじだけを追っている。**あまりストーリーと関係がない部分を飛ばしてしまっている**のです。

主人公が出てくるところ以外は飛ばして読むという子もいます。すると、あらすじはわかっても「主人公はどんな家に住んでいた？　自然はたくさんある？」「この話はいつの時代の物語なの？」といったディテールを聞いても、まったく覚えていないのです。

早い時期からこういう読み方をするクセがついてしまうと、いくらたくさん読んでも「読書」は深くなりませんし、心理描写や情景描写の素晴らしさを味わうことはできません。これでは、読書の本当の楽しみを知っているとは言い難いでしょう。

国語の成績が伸びないのも当然です。登場人物の心理状態を問われても説明できず、素材が物語文ではなく説明文になると論旨を正しく理解できないわけですから。

影響は国語だけでなく算数にも及びます。論理的な説明文が理解できないと、問題の意味がとれないからです。国語の学習に論理的な理系脳が必要である一方、算数の学習には国語力が必要なのです。

「読書好きだから安心」と思わず、どんなものをどのように読んでいるか、普段から見てあげてください。

筋ばかりを追う読書をしているようだったら、今読んでいるものの一部を音読させてみてください。音読してはじめて、黙読では気づかなかったことがあることがわかるはずです。続けるうち、黙読の仕方も少しずつ変わっていくでしょう。

3年生までにどんな文章でもスムーズに音読できるようになれば、国語の成績は自然に伸びていくはずです。そうなれば、授業をしっかり聞き、あとは漢字の勉強だけさせておけばなんの心配もありません。

高学年になってからでも、音読はときどきやるようにしてください。読むものを学年に合わせて少しずつ高度なものにして、子どもが興味のある科学読物などを読んでもらい、お母さんはそれを聞いている、というのが理想的です。説明文なら岩波書店のジュニア新書などがおすすめです。科学、歴史、文学、語学、世界の動きなどの分野はもちろん、インターネットや農業、身近な食べ物のことまで多彩なラインナップがそろっています。

小学生には少し難しいものもありますが、子どもが興味を持つものならぜひ読ませてあげてください。お母さんも内容をちゃんと聞いて、読み終わったら話題にしましょう。

音読のさらに前段階は、お母さんの「読み聞かせ」です。乳幼児期から寝る前などに親からたくさん読み聞かせをしてもらった子は、だいたい本を読むことが好きになります。

また、自分で音読をすることも楽しんでできます。

中学年、高学年になってきたら、お母さんが読みたいものを子どもに音読してもらう、というのもいいアイデアです。ふたりにとって楽しい時間になるでしょう。

子どもと話すとき「助詞」をきちんと使えていますか？

これは音読とも関係がありますが、**親子の会話も子どもの成長に大きな影響を与えます。**

特にお母さんの話し方が大きいのです。「宿題は？」「ほらお風呂」「早く！」「時間よ！」などの言葉ばかりだと、子どもも同じような話し方しかしなくなります。

母「今日、学校は？」
子「楽しかった」
母「テストは？」

子「フッー」

このような会話になっていないでしょうか。

家族同士だから、主語、述語、目的語をきちんと助詞でつないで話す必要はない、という場合もあるでしょう。しかし、そればかりだと、「メシ、フロ、ネル」しか言わない大人と変わりません。親子でも夫婦でも、以心伝心に頼ってばかりでは、コミュニケーションにならないだけでなく亀裂を生みさえします。

母「今日、放課後に何か楽しいことはあった？」
子「うん、友だちと遊んだよ」
母「誰と何をして遊んだの？」
子「○△君と公園でサッカーをしたんだ。×○君と、2組の□△君も来たんだ。みんなでリフティングの競争をしたら×○君が10回で僕は8回で2位だった！」

このような会話であってほしいのです。

どんなにたどたどしくても、回りくどくても、「楽しかったのならなんでもいいわ」と話を打ち切らず、辛抱強く聞いてあげてください。親のほうも、子どもと話すときはなるべく「てにをは」をきちんと使うように意識してください。

受験勉強と両立できる習い事、できない習い事

習い事についても少し触れておきましょう。英才教育のようなものについては、私は否定的ですが、野球やサッカー、スイミングスクール、ピアノ、ダンス、バレエ、習字、ソロバン、と習い事はさまざまです。

もちろん子どもが喜んで通うならどんなものでもいいのですが、ほかに塾や通信教育などを並行して習っている場合、スケジュールが過密にならないようにすることが大事です。**週6日も予定がある、というのは低学年の子どもにとって負担が大きすぎます。**

もし、サッカーや野球のように練習量の多い習いごとをしている子どもに中学受験をさせるのであれば、少なくとも6年生になったら一度中断する必要があります。時間的にも

体力的にも、受験勉強との両立は難しいからです。

ただ、ピアノ、ダンス、習字などのように「個人種目」の習い事であれば、練習量を家庭の都合に合わせて減らすこともできるので、中学受験と並行して続けることも可能です。同じ理由から、スイミングを受験と並行して続ける子も比較的多いようです。

競泳選手を目指すクラスでは難しいでしょうが、楽しみに通っている場合は気分転換にもなるため、受験勉強中の心と体のメンテナンスには向いています。

ソロバンは、5年生の終わりまでに1級がとれそうでなければ、途中でやめてしまっていいと思います。1級のスキルがないと受験に使える暗算ができません。3級程度の「10問のうち1問間違える」というレベルの暗算だと、受験勉強には役に立たないのです。

1級のスキルは円周率3・14の掛け算が一瞬でできるレベルですから、これは受験でも強い武器になります。塾の授業で教室にソロバン1級の子がひとりいると先生も助かります。式だけ板書して、「○□君、答えいくつ?」と聞けばすぐさま教えてくれる。

ソロバンは10進数の感覚が身につくので1級がとれなくてもやる意味はありますが、本当に受験に役立てるつもりなら5年生までに1級をとらせてください。

適度な生活音は子どもの勉強をじゃましない

昔と違って、今は「自分の部屋」を持っている子どもが多いようです。部屋には立派な勉強机や本棚、ベッドなどがあるはずです。でも、「勉強は子ども部屋の勉強机でするもの」とは限りません。**特に小学生の学習は、子ども部屋でひとりでさせるものではない、と考えましょう。**

私は家庭教師として多くのご家庭を訪問しますが、小学生の学習は子ども部屋ではなく、お母さんの目が常に届くリビングでする習慣をつけるようお願いしています。

子ども部屋は、子どもにとって誘惑が多すぎるのです。オモチャ、ゲーム、マンガなどに囲まれていたら、どんな子でもそちらに気をとられます。ケータイやスマホを持っている子ならなおのことです。「宿題をやりなさい」と子どもを部屋に行かせ、しばらくしてから部屋に行くと、ドアを開けたとたんにドタドタ、バサバサとゲームやマンガを引き出しに隠す……。これが「当たり前」くらいに思っていたほうがいいでしょう。

「お母さんの留守中に勉強をしていなさい」と言っておいても、だいたい子どもはお母さんが帰る直前までゲームをしているものです。帰って試しにゲーム機を触ってみると、すごく熱くなっている、というのもよく聞く話です。

学習習慣をつけるのは、子どもひとりの空間では大変難しいものなのです。

リビングでは集中できないのではないか、参考書などが足りなくなるのではないか、という心配は無用です。テレビは消すべきですが、お母さんが夕食をつくる音や、「今日はハンバーグにしようか」「うん、ふたつ食べたい」といった自然な会話、生活音は安心感をもたらし、集中のジャマにはなりません。ある程度こうした音がしていたほうが、脳は活性化されるとも言われているのです。

それに、勉強机よりリビングのテーブルの方が大きいことも多いでしょう。プリントなどを思いっきり広げられますし、音読にも最適です。

夕食前の毎日30分、お母さんと一緒にリビングで勉強するという習慣なら、親にとっても子どもにとっても続けやすく、楽しいものになるはずです。

また、**リビングをきれいに片づける必要はありません**。適当に散らかっていてもいいのです（ただ子どもの記憶の範囲内に収まっていることが大切です）。本棚は、お父さんの本やお母さんの料理雑誌、子どもが読みかけている本や参考書、図鑑もなんとなく混ざっているような状態で大丈夫。リビングの一角に、子どもの自宅学習用の筆記用具、文房具、参考書とノートだけ、置き場所を決めておけばOK。それ以外では、デジタルでない長針、短針、秒針のついた時計、地球儀、温度計、湿度計、日本地図、辞書、動植物や自然を扱った写真集なども置いておくといいでしょう。

テレビ、スマホ、ゲームはなるべく遠ざける

成績が振るわない子の家庭は、どうもテレビの台数が多いように思います。リビングに2台、ダイニングに1台、さらに子ども部屋にまでテレビがあった例もあります。ご家族の興味がテレビばかりなのでしょうか、リビングには本棚も見当たらず、子ども部屋にあるのもマンガと参考書だけ。テレビが悪いというわけではありませんが、家族が幅広い知的好奇心を持った家庭のほうが子どもは成長します。

子どもに本を読ませたければ、お母さんも読み、子どもに勉強をさせたければお母さん

も学ぶ。高学年の受験勉強の内容をぜんぶは理解できなくても、「お母さんに教えて」と頼んで子どもに説明してもらい、ちゃんと聞いて理解しようと努力してください。「なるほどねえ」としか言えなくてもいいのです。

「勉強しなさい」「本を読みなさい」と口うるさく言い続けるだけで、お母さんがソファでテレビばかり見ていたら、子どもが勉強するはずはありません。

もうひとつ気をつけてほしいのが、やはり今はゲームとスマホです。低学年の場合は、スマホといっても、ほぼゲーム機として使うことのほうが多いですが、ゲームというのは一度始めると子どもが自分の意思でやめるのは難しいものです。「30分」と約束しても、「きりがいいところまで」になりがちです。

ゲームというのはほとんどが反射神経の訓練です。すぐ上達しますが、一種の中毒性があるのでどんどんはまってしまう傾向があります。**反射的な反応ばかり鍛えていると、深く考えるべきときに考えられないという弊害が出ます。**これはフラッシュ暗算や速読の短所と同じです。

ゲームやスマホを「持たせない」という選択肢もありますが、与える場合はそこをよく考え、「リビングでしか使わない」「必ず決められた時間だけにする」といった約束をきちんと決めてからにすべきです。また、留守番をさせるときは親がゲームを預かるくらいにしないと、子どもはひたすらゲームをし続けることになります。

勉強によくない影響が出るだけでなく、液晶画面を長い時間見続けることは目にもよくありませんし、寝る前だと安眠を妨げることもわかっています。こうしたことを子どもにもよくわかるよう話してあげて、親子で節度のある時間だけ楽しむようにしてください。

子どもに禁止しておきながらお母さんが常にスマホをいじっているようでは、効果はありません。そのくらいの覚悟をもって接してください。

6章

苦手がなくなる
［学年・科目別］実践対策

親が学習内容までフォローできるのは4年生まで

授業中のノート、塾から戻ってきた答案用紙を見ることは、子供の「思考法」「理解度」を見るうえでなによりも大切です。点数や正誤より、どこまで理解しているのか、どこで間違えたかが大切で、子供の書き込みを見ればそれは一目瞭然です。

表やグラフをていねいに書いているか、わかっている数値を正確に書き込めているか、式を書いているか、自分で書いたものをちゃんと利用して解いていっているか、といったことを注意深く見てあげてください。

表も図も書けているのに、自分の文字を読み間違えていたり、すでに手がかりになる数字は出ているのに、なぜか途中でその数字を無視していたり、ということもあります。いっしょにチェックしながら「ここに注意していれば解けたんだ」「点数も上がるんだ」という気持ちを持たせることが重要です。

こうした習慣は、4年生のあいだにつけさせてください。5年生以降になると、大人でも内容についていくのが難しくなりますが、4年生の内容までであれば、親がフォローすることが可能です。**これは「勉強を教える」というよりも「問題に対する向き合い方」「学習の習慣」の基礎と考えて、まだ難易度が低い4年生のうちにやっておきましょう。**

計算力と漢字の基礎練習は、毎日少しずつでも欠かさずに続けましょう。5、6年生になって学習のレベルが高くなってからも同様です。

私は「30分以内の朝学習」をおすすめしています。早い時期から、計算と漢字だけは朝食前に短時間で行うという習慣があると、後々とてもラクになります。1～3年生のうちは、中学受験を考えている場合でも、日常の宿題を必ず毎日正しい姿勢で、正しい鉛筆の持ち方で「しっかりと」「ゆっくり」「ていねいに」行います。あとは、計算と漢字だけ「朝学習」で行えば十分。学校の勉強についていけているなら、特に進学塾の低学年クラスに入れる必要はありません。

【社会】4年生と5年生では「質」が大きく違う

中学入試のためには、4年生から社会科の準備をすることが必須です。「理科と社会は5年生からでも間に合う」などと考えるのは大間違いです。4年生の段階で、たとえば人々の生活は地理的条件、気象条件の元に成り立っているのだ、といった基本的な概念を身につける必要があるからです。

たとえば、4年生では「盆地の生活」といったおおらかな形で概要をつかみます。盆地における生活の特徴、それが農産物や文化にどう影響しているのかといった基礎を、「ストーリー的に」学ぶのです。その基盤の上に5年生、6年生での知識が積み上げられ、入試問題として出てくるわけです。単なる知識の羅列だけでも偏差値55まではいけますが、そこが「壁」になってきます。

5年生、6年生になって「社会のテストの点数が悪い」というとき、答案などを見ても思考過程に問題点があるとはわかりにくいもの。単に、「ちゃんと覚えていないようだ」

ということくらいしかわかりません。もし、言葉はかなりよく覚えているのに点数につながっていない場合は、4年生の段階の学習が抜け落ちているケースがあります。つまり点と点をどうやってつなげばいいのかが理解できていない、ということです。

その場合は一度、4年生のテキストを通読して意味をつかみ、また日常的には重要単語に蛍光ペンで線を引くだけでなく、まず説明を通読することを習慣にするようフォローしてください。最初にテキストの説明を2回通読し、それから3回目で重要なところに線を引く、ということです。

特に日能研に通っている場合は、四谷大塚の『予習シリーズ』を買って読んでみることをおすすめします。日能研のテキストは非常にていねいにつくられていますが、印刷がモノクロだということもあり、子供にとっては楽しさを感じにくいようです。でも『予習シリーズ』の社会はフルカラーで物語性があり、楽しく感じる子供が多いです。その楽しさのなかで全体を把握し、そのうえで暗記するべきものを覚えるほうがずっと効率がよくなります。

全体を把握し、言葉を覚えながらマインドマップのようなものを書いて単元ごとのまとめにすると、知識は非常によく定着します。

【社会】「点」ではなく「つながり」で覚えよう

地図が好きな子供の多くは算数も得意です。地図を読むというのは「つながり」の理解ですから、距離感やお互いの関係などを図上から読みとって分析していくことが「好き」で「得意」ということです。これは社会の学習だけでなく、算数の深い理解につながります。もちろん理科の理解とも深い関係があります。

社会の学習で「地図」というと、かつては白地図の空欄を埋める、といった学習がやたらに多かったものです。地名、県庁所在地、川や山の名前、産物の名前をひたすら覚えることが求められました。暗記した知識を聞く設問が多かったためです。

現在でも社会は暗記が多いのは事実ですが、むしろそれを単純に問うのではなく、**項目同士のつながりを理解していないと答えられない問題が非常に増えてきています。**地図上で「点」を覚えるのではなく、点と点がどうつながっているのか、を聞くということです。かつてなら、単に「この川の名前はなんですか」だったものが「この地域にこの川とこの山がこうした位置関係にあることから、どんな産物が多いと考えられるか」といった問いに変わってきています。地図も、暗記ではなく「そこから何を読み取れるか」という視点でとらえないと解答できなくなってきているのです。

また、社会科の難問を解く場合に一番大切になるのは、「設問そのものが何の分野について問うているのか」を把握する力です。設問で天候、地勢、産物についての記述や図、表、地図などが示されている場合に、全体としてそれが何を聞こうとしているのか——。たとえば「酪農」に関することなのか、「穀物生産」についてなのか、まずそれを理解しないと「点」の知識では答えられない問題も数多くあります。

全都道府県の県別農産物ベスト10を丸暗記するだけではなく、**この地域でこの農産物の収量が多いのはなぜなのか、といった理由を理解しながら覚えていくのです**。すると記憶自体も定着しやすいうえに、覚えていない地域の農産物について問われたものでも、落ち着いて類推し、総合的な思考から解答を導くこともできます。

【理科】苦手なら「マインドマップ」を試そう

社会科および理科については、「マインドマップ」を描いてみるのがおすすめです。まずはある程度、暗記すべきものを頭に入れて覚えてから、それらのつながりを大きめの画用紙やノートに描いていくのです。

マインドマップというのは、トニー・ブザン氏が考案した「思考ツール」。ひとつのキーワードから連想すること、イメージをどんどん自由に描いてつなげていくことで、点にすぎなかった知識を結びつけ、あらたな発想を生む助けにするものです。

これは問題解決や発想法のツールでもありますが、記憶を定着させ、あとから思い出しやすくするためのツールとしても使えます。長いテキストやリストを丸暗記するのではなく、それぞれの要素を自分で整理し、視覚化し手を動かして描くことによってつなげていくわけです。

次ページのマインドマップは、は「二酸化炭素」をキーワードとして、理科で習う知識をつなげていったものです。苦手キーワードを核にしてつながりを書き込んでいくと、非常にラクに理解でき、楽しく覚えることができます。

社会科にも使えますが、私がこの方法をおすすめしたご家庭では、とくに「理科に効果的だった」という声がたくさん寄せられています。「マインドマップをつくらせてみたら、いきなり理科の成績が上がった」という人も多いので、試してみてください。

描き方に決まりはありません。要は、関係のある単語をつなげていくだけです。色鉛筆やマーカーを使ったり、イラストを描いても楽しく覚えられます。厳密には12のルールが決められているのですが、別にこだわる必要はありません。

やり方によっては、作文を書く前の思考整理、受験に取り組む日常生活の見直しなどにも使えるので、興味がある方は関連書籍を読んでみてください。

[マインドマップの例（理科）]

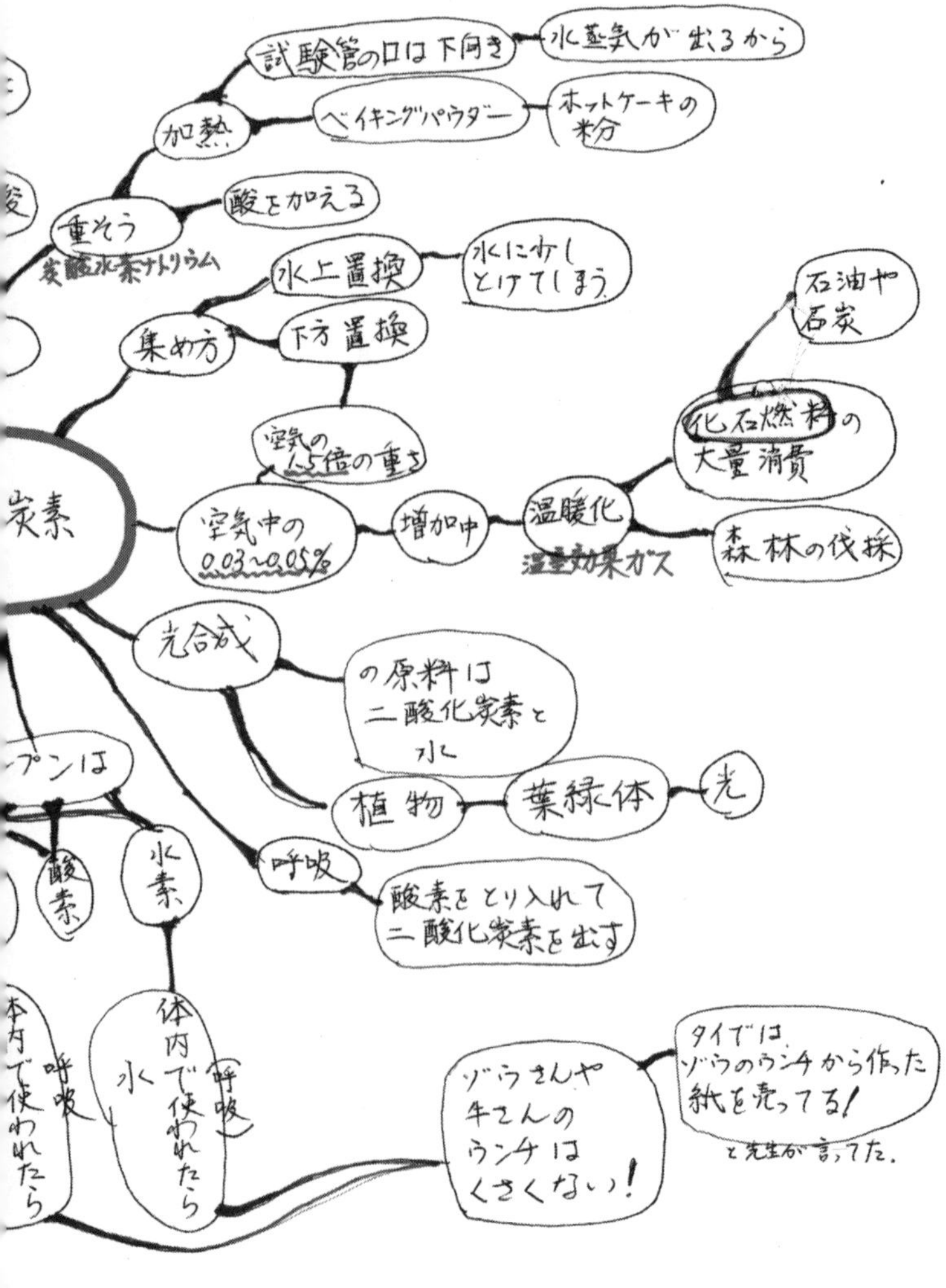

卵のから
運動場の白線
アルカリ性
石灰石
炭酸カルシウム
二酸化炭素を発生して、とうめいに
水酸化カルシウム
ここに塩酸を入れると
石灰水に入れると
白くにごる
炭酸カルシウム
二酸
ここに二酸化炭素を入れ続けると
タンパク質は
二酸化炭素を含んだ雨水が石灰岩をとかす
鍾乳洞のでき方
水溶液がナントとうめいに
炭酸水素カルシウム
いおう
ちっ素
肝臓の解毒作用
有害
体内で使われたら
アンモニア
ライオンさんのウンチはくさい!

【理科】

難問も「見える化」で解きやすくなる

マインドマップに限らず、視覚化することを習慣にすると、効率よく問題を解いていくことができます。たとえば問題文の中に数字がたくさん出てきたとき、それを単に出てきた順に書き並べるのではなく、きちんと分類し、対応する数字同士を結びつけて表にする(＝視覚化する)ことがとても大切です。

特に受験も後半になると、知識そのものは記憶していても、それを組み合わせてアウトプットすること(＝解答までの道を考えること)が必要ですが、これは「自分に対するプレゼン能力」だとも言えます。つまり、自分で自分に説明できるということです。

◎AとBとDはわかっている
◎問題文でわかっていない部分はC
◎聞かれているのはE

◎CがわかればEがわかる
◎Cの解き方は……

という「プレゼン」を自分に対して行いながら考えていくわけですが、まずわかっているものを「A、B、D」と横に羅列するのではなく、

○○の量	○○の重さ
A	B
(　)	D

上のような見出しを書き込んだ表に整理できると、その後の展開が非常にラクになります。

次のような問題のときは、特にそれが重要です。基準となる数字、問いに示されている数字を書き、尋ねられているところを「()」で示すことで、頭は自然に正答に向けて働き始めます。

問 下は塩酸50gに水酸化ナトリウム水溶液を加えていったあと、水分を蒸発させると残る固体の量を表しています。塩酸50gと中和する水酸化ナトリウム水溶液の量は何gか答えなさい。またそのときにできる固体の名前と重さも答えなさい。

（単位g）

塩酸	50	50	50	50	50
水酸化ナトリウム	10	20	30	40	50
固体	2	4	6	7.5	8.5

これは水溶液の中和の問題で、水酸化ナトリウム水溶液の重さと、固体の分量、できた固体の名前を答えるものですが、まず固体の名前については単純な知識があれば答えられます。答えは「食塩」（塩化ナトリウム）ですが、あとのふたつの問については、グラフにする以前の段階でも、固体の増え方が不自然なので、6と7・5の間あたりに解答がありそうだという見当はつきます。しかし、この表をグラフに表すことができれば、簡単に解くことができます。常にわかっていることを「表」で表す習慣ができていて、さらにそれを「グラフ化」することに慣れていると、この問題はいともたやすく解けてしまいます。

溶解度の問題も子供たちが苦手とする分野です

が、183ページの図のように、まずわかっていることを表にして視覚化することで、非常にわかりやすくなります。ホウ酸など物質の重さ、水の重さ、水溶液全体の重さを整理し、そのうえで溶け切れなくなったときにできる結晶の重さを考える、という道筋をすぐにつけられるようになるわけです。

中和にせよ溶解度にせよ、設問を読み解いて「表にできるかどうか」、あるいは「表をグラフにできるかどうか」が、決め手になるのです。

日ごろから問題を解く時に「わかっていることをリスト化する」「表にする」、可能なら「グラフにする」「面積図で考える」といったことに慣れておく必要があるのです。

家庭で学習をフォローする場合、特に気をつけて「正確に、ていねいに図やグラフを書きながら解くこと」「わかっていることを箇条書きにメモすること」などを指導してあげてください。

ときどきお母さんが生徒になって、子供に解き方を説明してもらうのもいいでしょう。いつも私が受験生におすすめしている、「子供が先生になる家庭のミニ授業」です。

子供は、塾の先生のようにノートに図や表を書きながら、お母さんに解き方を説明します。人にわかりやすい表や図を描いて説明することで子供は自信がつき、理解も深まりま

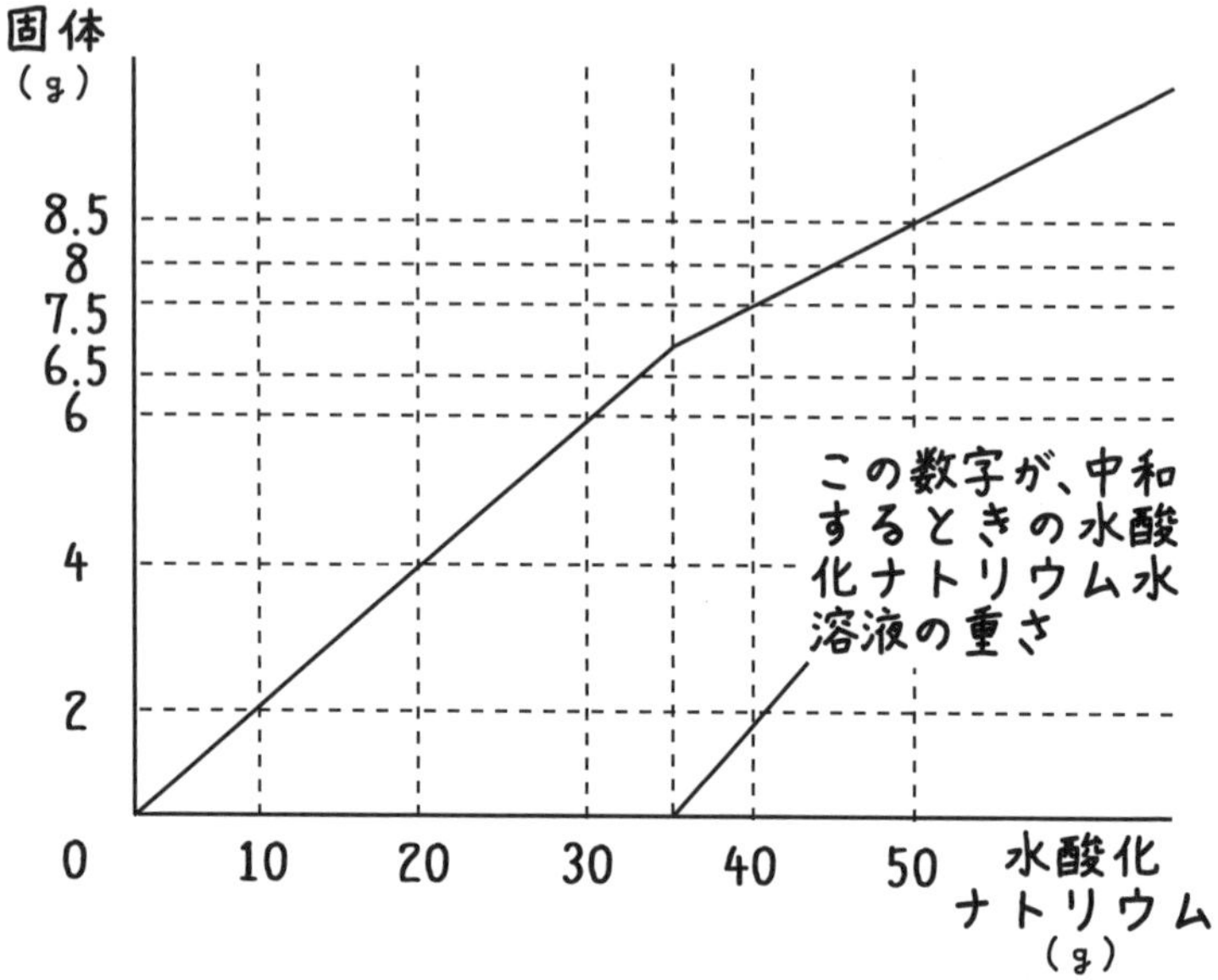

す。また、曖昧な部分が明確になるので、フォローもしやすくなります。

受験後半になると、知識の量だけでなく、すでに記憶した知識を組み合わせて自分にプレゼンする力が必要です。ビジネスのプレゼンで「見える化」が必要なのと同じように、問題を解くときもまず自分にプレゼンするために、表やグラフを自分ですぐに書けるようにしておくわけです。

【算数】面積図は初期に意味を理解しないと使えない

「見える化」によって問題を解くというのは、親世代にはあまりなじみのない方法かもしれません。しかし特に算数で、塾の指導は「見える化」つまり、図法によるものが今や主流になっています。

たとえば、「面積図」です。この解法では、速さの問題も、線分図（数直線）ではなく、「速さを縦の長さ」「時間を横の長さ」で長方形で図示し、「距離＝面積」と考えます。速さの問題を図形問題として解いてしまうわけです。

この解法は、一部の塾がいまから40年ほど前に導入し、35年ぐらい前から多くの塾が指導するようになっているものです。今や塾では常識ですが、学校で教えるところはほとんどありません。面積図は鶴亀算、食塩水の混合、物の定価・割引・利益などについての問題でも使います。

習得すれば非常に効率のいい解法なのですが、面積図はたとえば「距離」を線分ではなく「面積」として捉えるので、納得しないまま使うと応用が利かなくなるという問題があります。「速さ×時間」＝「距離」を、「縦×横」＝「面積」として考えることが腑に落ちないままだと、基本以上の応用ができないのです。

面積図については、教える側が最初の段階で雑に教えてしまうと意味がありません。「てんびん図」もこの応用で、これは実際に書く時間が短くてすむため、使い慣れると非常に便利ですが、面積図同様、最初に意味をよく理解することが大事です。

これらの図法は、親の世代ではなかなかフォローしにくい部分です。親はどうしても解答を出すために方程式を使ってしまいますが、無理に「この解法で解ける」と、我流の解き方を示すより、塾の先生に質問、相談させるなどして、理解を深めるように促すほうがいいでしょう。

【算数】フリーハンドで図や数字をわかりやすく書けるか

算数でほかに気をつけたいのは、図形問題への取り組み方です。

多くの場合、図形問題は問題文に提示されている図に、わかっている長さや角度、どことどこが同じ長さ、同じ角度かを自分で書き込み、さらに補助線を自ら書き加えて解いていく必要があります。

この書き込み方がまずポイント。テキストの図はページの節約のために小さく書かれていることが多いので、自分で拡大し、フリーハンドでノートに大きく描いてから解き始める必要があります。この段階で、拡大図を正確に書けないとどうにもなりません。

しかし子供は「図を書き写す時間がない」と思って、小さいテキストの図に数字を書き込むことが多いのです。ただでさえ宿題が多いのに、図を大きく書き直してきれいな字で数字を書き込む余裕などない、と思うのでしょう。

お母さんはまずそうした子供の意識を払拭してあげてください。それが成績の伸びにつながっていきます。1日に解くことができる問題数が少なくなっても、**図を拡大して書き写す、わかっていることをきちんと書き込むことが、もっと難しい問題を解くときに一番大事なのだということを伝えてあげましょう。**少しでもきれいに書けるようになったら、ほめてあげてください。

【算数】「3行の壁」は音読で越えられる

算数の文章問題には、「3行の壁」というものがあります。問題文が3行以上になると、突然解けなくなってしまうというものです。子供が文章問題に必要以上の苦手意識を持ち「あ、文章問題だ」と思ったとたんにやる気をなくしたり、文章が長いだけで難しいと思い込んでしまうわけです。

読解力がないわけではなく、国語の説明文はちゃんと理解できるのに、算数の文章問題になると突然苦手意識を持ってしまう子供が多いのです。

そんなときは、「問題文を声に出して読んでごらん」と促してみてください。そうすると、意外なことに読み終わったとたんに「あ、わかった」となることが少なくありません。「なーんだ。落ち着いて読めばわかるんだ」という体験が、苦手意識や「文章問題は難しい」という先入観を払拭してくれるはずです。

どんな科目についても、小学生には「音読」がとても有効です。まず声に出して読み人に聞かせることに慣れると、やがて声に出さなくても黙読でしっかり内容を読み取ることができるようになります。

大人でも、いきなり文章を読んですぐに頭に入らない時は、無意識に小さい声で音読していることがあります。「音読」というのは、内容を理解するうえで誰にでも有効なものです。音読の大切さは明治大学教授の齋藤孝先生が書かれている通りですが、受験についても非常に有効です。

別に算数の文章問題でなくてもかまわないので、教科書でも、手近な本でも、ともかく1日5分でもなにかしらの文章を音読させて、お母さんが聞いてあげるということを続けていると、さまざまな教科の学習に役立ちます。

物語文でもいいのですが、少し学年が上がったら、ひとつ上の学年の教科書、参考書がおすすめです。また、『岩波ジュニア文庫』などで興味のある分野の説明文を毎日少しずつ音読していく、ということも楽しく、かつ有効です。親はちゃんと内容を聞いてあげて、「今日のところは面白かったね」「明日が楽しみ」と、一緒に楽しむようにしましょう。これは家事をやりながらでも十分です。

最初はなんでもいいですが、慣れてきたら「物語文を感情をこめて抑揚をつけて音読すること」と「なるべく速いスピードで音読すること」の両方をやらせてみてください。「内容を理解しながらゆっくり音読」と、「ともかくスピードを上げて読む」の両方をやってみるのがおすすめです。速いスピードで読むことに慣れていくと、読みながら次の行を目で追うことに慣れ、黙読が正確で速くなります。

これはもちろん、算数の文章問題に取り組むときの苦手意識をなくすだけではなく、内容の理解にもつながります。

【算数】基本問題を繰り返しても応用問題は解けない

どうしても大人は「簡単な問題をたくさん繰り返すと難しい問題が解けるようになる」と思い込みがちですが、これは間違い。「基本問題の繰り返し」で「応用問題」が必ずできるようなるというものではありません。特に文章題については、前述した「音読」などにより、読解の力をつける手助けをしてあげましょう。

「応用力」とひとくちに言いますが、二種類のものがあります。

ひとつは「難しいことを説明されたとき理解できる力」で、もうひとつが「自分で新しい解法を発見して試してみる力」です。

テストで生きるのはとくに後者。基本問題に取り組んだ時に、「なるほどそうやって解くのか」という納得感を本当に持てていないと、応用問題を理解することはできません。基礎の納得感がないと、解法を何度も説明されて応用問題を1問解けるようになったとしても、ほかの問題を解けるようにはなりません。

基礎になる問題を学習しているとき「なるほど、これは難しい問題でも必ず使える。いいことを聞いたぞ！」ぐらいの納得感がないうちは、先に進ませないようにしましょう。

4年生だと、数についての理解もまだあいまいです。「5から10までに整数はいくつありますか」と聞くと、「10－5＝5」で「5」と答えてしまう子も多いのです。この問題なら、やり直せば「5、6、7、8、9、10」と指折り数えて「6」という正解を出すことはできるでしょう。

しかし、なぜ引いたのか、なぜ引き算ではダメなのか、ということを理解していないと、これ以上に高度な問題には一歩も進めないことになります。

この場合「8から12までに整数はいくつありますか」は、応用問題ではなく、「同じ問題」です。類題でさえないと言っていいでしょう。こうした問題をいくつ繰り返しても、次のレベルの問題が解けるようにはなりません。ここで理解すべきなのは、「なぜ引き算では間違いなのか」をはっきり納得することです。

また**算数において、「計算問題」は基本問題ではなく「基盤」です。**だからこそ、ミスなく速く行う訓練は大切ですが、スポーツで言うなら、ストレッチとか筋トレ、ランニングのようなもの。これをいくら繰り返したからといって、水泳や野球が急に上達することはありません。

ここを勘違いしないようにしましょう。「まずは計算問題」それから「文章題」という思い込みは捨てましょう。

【算数】図を書く「コツ」を身につけよう

ビジネス上のプレゼンなどでもよく使われる「ベン図」が、中学入試の問題にもしばしば登場します。円がいくつか重なり、重なった部分が複数の円の「共通条件」になるというものです。
たとえばこんな問題のときにベン図を使います。

Q「太郎君のクラスでエチケット検査がありました。35人のクラスの中で、ハンカチを持っていた人は28人、ティッシュを持っていた人は23人でした。ハンカチもティッシュも持っていない人が5人いました。ハンカチとティッシュ両方を持っていた人は何人ですか」

ここでわかっていることは
◎クラスの人数　35人
◎ハンカチを持っていた人　28人
◎ティッシュを持っていた人　23人
◎どちらも持っていなかった人　5人

この条件をまずベン図に「見える化」して考えていきます。
基本は、まず大きな四角を書いて全員の人数と考え、その中に、「ハンカチを持ってきた人」と「ティッシュを持ってきた人」の円を一部重ねて書き、重なった部分を「両方持ってきた人」と想定すること。

そこに条件や人数を図に書き込んでいきますが、「書き込み方」がとても大切です。つまり、「ハンカチを持ってきた人」は左の円ですが、円の真ん中に「ハンカチあり28人」といきなり書いてしまうと、「両方持ってきた人」を引いた部分、つまり「ハンカチだけ持ってきた人」の人数を書き込む場所がなくなってしまいます。円全体の条件、人数を書く場合は左の円の円周に重ねて書くことを、きちんと習っておく必要があるのです。

6年生になると、円はふたつから3つになることもあります。したがって、簡単なレベルのときから、**先生が板書するものをルールどおりに上手にマネして描く習慣が必要です**。自己流で適当に書いていると、考えを整理するとき役に立たず、かえって混乱しやすくなります。

家庭学習で復習やテスト直しをするとき、こうした図の描き方の基本ができているかどうかも見てあげてください。難問に取り組む以前に、自分自身がわかりやすい図を描けるよう、塾のテキストのベン図を真似して大きく描いてみて、どこに何を書き込めばいいのかといったコツをつかみ、それが問題を解く以前にとても大切だということに気づかせて

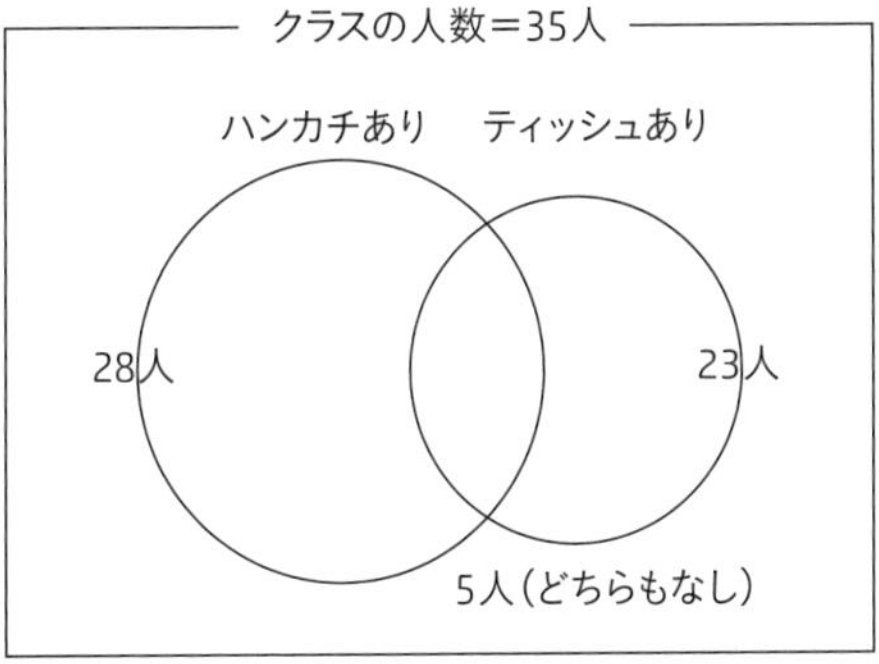

クラスの人数から「どちらも持っていない人」を引くと、
どちらかを持っている人の人数がわかるので、

35－5＝30（人）

ところが、「30人しかいないのに、28＋23＝51人になっちゃう？
2つの丸が重なっているところを2重に足してしまったからだ。」
と考えて、

51－30＝21人

重なった部分（両方持っている人）は21人であることがわかった。

ポイント

「全体の数を書くときは線に重ねて書く」というルールを守って書くこと。

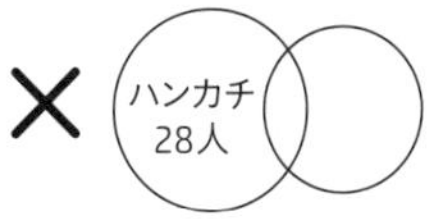

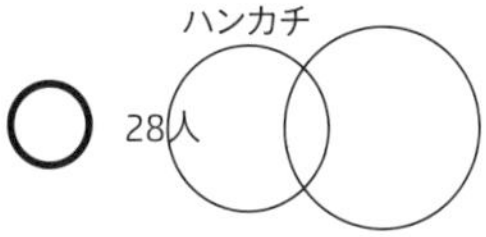

×のように書いてしまうと、
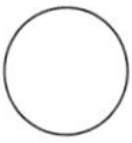部分が28人なのか、部分が28人なのかわからない。

ください。

図をきれいに描けると、それだけで解けてしまうことも多いのです。

【算数】

「式を書かない子」は高学年で苦労する

4年生ぐらいまでは、算数で式を書かずにいきなり計算をはじめてしまっても、答えに行き着くことはできます。とくに勘がいい子供だと、4年生の中盤ぐらいまでは、「いきなり筆算」をテキストの余白に適当に書いて答えを出すこともあります。

ただ、子供の短期記憶というのはあまり長持ちしません。「あ、わかった、こういう道筋で解けばいい。AとBを出して、それを足せばいいんだ」とひらめいても、Aの計算をしているうちに道筋を忘れてしまったりするのです。そこで「あれれ?」と思ってAの計算結果を見ても、その数字が何だったのかわからなくなって最初からやり直し、ということになることもあります。せっかくAは数字まで出ているのに、そこで迷走してしまうわけです。

子供のノートや答案を見ると、こういうことは非常にはっきりとわかります。

これを修正するには、式を書くことがなによりも大切です。自分の解法への「道筋」や「スケジュール」が式です。それを書いてから計算を進めていけば、途中で混乱しても元に戻ることができるし、場合によってはそれでダメなら式の立て方を再検討する、ということができるからです。

ただ、やたらに「式を書きなさい」と命令しても、子供はなかなか言われた通りにはしません。**子供自身が「式は大事なのだ」ということに気づく必要があるのです。**

テスト直しを親子で行い「ほら、ここまでできていて、最初の数字は出ているのに、その後この数字はどこへ行っちゃったの？　もったいないなあ。式があれば、最後まで解けたのに」と言うなどして、「式って大事なんだ。損したなぁ」と子供が自分自身で実感することが必要です。

これは図や表、グラフを「きちんと書く」ことの必要性についても同じことです。

「自分で書いた字がわからなくなったんじゃない？　もう少し大きくわかりやすく書いてあれば解けたよ」

「ほら、せっかく途中までできてるのに、こっちに書くときに書き間違えてるよ、もったいない」と話せば「ほんとだ、6と0を間違えた」というような残念なミスも減っていくはずです。

【国語】漢字は「意味」とともに覚えよう

国語の場合、どんなテストでも漢字の読みや書きとりが10問ぐらいは出題されます。10問のうち8問以上できていれば問題ありませんが、いつも3問以上間違っているという場合は、漢字の学習をいつどのようにやっているか、ご家庭で見直してみてください。

朝学習で計算と漢字練習を毎日30分程度続けることをおすすめしていますが、これをやっているとしても「やり方」が間違ってないか、もう一度見なおしてください。

単に同じ漢字をノートに繰り返して書くだけだと、漢字はなかなか定着しません。漢字の意味を捉えて書くことがとても大事です。偏と旁《つくり》の意味がわかっていれば、「講」と「構」と「購」を間違えることはなくなります。知らない言葉でも意味の類推が可能になるので、読解などにも役立つのです。

漢字の問題が「白紙解答」の場合は基本的な力がまだ足りないと考えられますが、旁だけは合っているような場合は、漢字が持つ意味を考えずに学習しています。単に同じ漢字ひとつを繰り返し書いても意味はありません。どんな熟語で使うのか、類語、反対語なども合わせて学習する方がずっと早道です。

【国語】長文は「傍線を引いた場所」がヒント

長文問題の復習、テスト直しを見る時は、課題文のどこに子供が傍線を引いて考えているかをよく見てください。

長文の素材文は、全体をあまりていねいに読むと時間がなくなります。ポイントになりそうな部分に自分で傍線を引きながら、最後まで読みきらなければなりません。

物語文であれば状況の変化を表す部分、時間経過を表す部分、感情が変化している部分などに傍線を引くことが大事です。

一方、説明文の場合は段落同士のつながりを示す言葉、形式段落の要旨に当たる部分に線を引きながら読みます。こうして素材文を読みすすめることで、設問に答えるとき非常にラクになります。

国語の読解問題が苦手な子供には、こうした読み方を習慣化させることが苦手克服の一番の早道です。この習慣がつけば、文章の「型」がわかるようになります。つまり「対比」を中心として書かれている構成なのか、「例示」を中心に書かれているのかがわかるようになり、それがいつの間にか「答え」につながっていくのです。

構成をつかむときにキーとなるのが「つながりを示す言葉」。「一方」「これに対し」ならば対比であり「さらに」なら例示の継続、「とはいうものの」なら反対意見の対比または転換です。多くの意見の例示である場合も考えられます。

こうした**つなぎのキーワードに傍線を引いて常に注目することで、文章の構造が把握できるようになってきます。**

時間があれば、形式段落を数行で要約したものを書かせる、ということも有効ですが、「この段落はどんな内容?」と示して、口で言うだけでも十分です。これができると、「全文を3つに分けるなら、どことどこで切れる?」と聞いてみても必ずわかるようになります。「内容を3つに分け、2番目の最初にあたるのはどこか」といった問題は、入試でもしばしば出題されます。

【国語】「国語」と「読書」は別ものだと考える

物語文では「何を聞かれているのか」について、きちんと把握させることも大事です。これが理解できているかどうかということも、どこに傍線を引いて読んでいるかでチェックできます。「太郎君の気持ちの変化」を聞いているのに、「気持ち」を表すところだけに線を引き「変化」の部分に線がない場合、問題文の把握が不十分です。

こうした場合は、まず「何を聞いているのだと思う？　気持ち？　それとも気持ちが変わったこと？」と聞いてみてください。ここがわからないままに、あちこち線を引いているケースが非常に多いのです。「変化の部分を聞いている」ということをわかったうえで線を引かせると、傍線の引き方はまったく違ってきます。正しい部分に傍線を引けるようになるのです。

答えはほとんどすべての場合、素材文の中に存在することに気づき、読解問題というの

は「キーワード、キー文章の宝探しのようなものだ」ということを理解できると、国語は苦手意識が薄れて解きやすくなります。

実際の試験の場合、物語文については「自分の感想」や「自分ならどうするだろう」ということにこだわりすぎないことが大事です。通常の読書を楽しむ場合、解釈は自分しだいでどのように想像を広げてもいいのですが、試験の場合は、まず素材文を俯瞰することが前提になります。つまり感情移入をせず、客観的に読むことが大事なのです。入試の国語は、楽しんでする読書とは別のものだと考えてください。

また、テスト直しのとき、答えが合っていても、ときには「なぜ（ア）だと思った？」と聞いてみてください。「自分ならそう思うと感じたから」「なんとなくそんな感じがした」という答えでは不十分。「ここにこういう言葉があったから」「こういう表現があったから」と説明できるかどうかに注意して、できない場合は、「そう思った理由は必ず文章の中にあるはずだよ。どこだった？」と探させてみてください。

読書が大好きなのに、国語が苦手という子供はたくさんいます。

これは、素材文に出てくる文章が、ふだん子供が自発的に選んで読む本のタイプとはまったく違う抽象度を持っていること、また物語文についても「感想」ではなく、書かれていることを「正確に読み取り」「どこに解答があるかを探す」作業が求められるためです。**国語と読書は「違うもの」だと考えたほうがいいのです。**

【国語】子供との会話では「てにをは」を省略しない

日常的なアドバイスとしては、親子の会話でも単語をつなげるだけではなく、**お母さん自身が接続詞や副詞をきちんと使う習慣をつけてください。**「はやく、宿題！」「今日どうだった？」「テストは？」ばかりでなく、「今日は国語の授業で何を習ったの？」「昼休みは何をして遊んだ？」「なにが一番楽しかった？」と、何気ないことでも、きちんとした文章で話しましょう。多少子供には難しいと思われる言葉でも、積極的に会話に取り入れる方が語彙力が増します。

もうひとつ、小学校3年生ぐらいまでにやっておいてほしいことがあります。意味はよくわからなくても1学年か2学年上の教科書を、とにかくノートに書き写すのです。長い文章をとにかく自分の手で書くことに慣れるだけで、国語に限らずその後の学習にとても大きな効果があります。日記など、自力で長いものを書くのは難しいですが「書き写す」ことなら簡単にできるので、できる限り小さいうちから長い文章を書くことに慣れさせておきましょう。

4年生、5年生以降でも国語が苦手で困っているなら、**教科書の書き写しと音読を数カ月続けさせれば、書き写しノートが5冊ほどになるころには国語の成績が伸びてきます。**最初はただ写すだけで文字も不揃いですが、3、4冊目になるとまっすぐになってくる。これは文節を意識し、ある程度長い固まりの文章を頭に入れてから書けるようになってきたことを表しています。

7章

Q&Aでよくわかる
中学入試の悩みと解決法

中学受験で進学塾に通うようになると、いろいろ気になることが出てきます。それまでは主に学校での成績、友だち関係、体調などに注意していればよかったものが、中学受験というストレスの種にもなり得るものが生活の大きな部分を占めるようになります。高校、大学受験と違い、中学受験には「学校のサポート」がほとんどありません。しかも、学校の勉強とは異質の勉強であるため、子供も親も負担が大きくなり、悩みが増えるのは当然のことです。

塾の問題を小学校の担任の先生に相談することもできないでしょうし、「担任制」がある塾もあるとはいえ、コミュニケーションがとりにくいケースもあります。

この章では、中学受験を目指すお子さんのお母さんから寄せられた質問、悩みなどの中から、他の方にも役立ちそうなものをピックアップしてご紹介します。

学年、通っている塾もふまえて参考にしてください。

Q

塾で毎週のように「カリテ」などの試験があり、テストの復習をする時間も足りません。1週間のうち授業の復習、テスト準備、テスト直しはどう時間配分したらいいのでしょうか。（5年生・日能研）

A

カリテというのは、日能研が内部生に向けて行う単元別の復習テストで、「学習力育成カリキュラムテスト」のこと。もうひとつメインになる試験は日能研が主催する全国公開模試です。

カリテは6年生になればほぼ毎週、公開模試はほぼ毎月行われます。授業はその間ももちろん進んでいきますからどうしてもテストの復習がおろそかになりがちで、「そんなものやってるヒマない！」ということになるのですが、「テストの復習」というのは、次のテストの指針を得るためにもとても大事なことなのです。

日能研の場合5年生後半になると内容が難しくなり、学習量の増えていき、当然6年生になるとさらにその度合いが増しますから、できるだけ5年生の間に、きちんとテスト直しの時間がとれるように、学習の進め方を見なおしておきましょう。なにもかもすべて完璧にやろうとすると、どうしても時間が足りなくなります。「今やるべきこと」を優先する時間配分が大切です。

ぜひ試していただきたいのが「○△×方式」。これはどんな塾に通う、すべてのレベルの人にも有効ですから、いろいろな局面でやってみてください。

まず、塾の授業中、テキストの問題に印をつけていくのです。子供が自分でつけてもかまいませんが、帰宅後にお母さんといっしょに「ここは○かな？　△っぽい？」と話しながらつけていってもいいでしょう。

○…はっきりとわかったところ。ふたたび似たような問題が出ても解ける、と思う問題
△…だいたいはわかったけれど、今ひとつ自信がない問題
×…わからなかった問題

復習のときに優先すべきは「△」です。この部分を「○」に変えることができるようにがんばってみてください。

子供自身は「○」と思っていても実は「△」である場合もありますから、特に注意してください。これを「○」にすることが、最短で成績をアップさせる秘訣です。「×」のほうに時間をとられすぎると、間違いなく時間が足りなくなります。

塾の宿題も「すべてこなすことは不可能」と考えて、「今の段階では無理」と思えば、あえて手をつけないほうがいい問題もあります。

Q

子供の算数のノートを見ると、算数の授業がただの「答え合わせ」になっているようですが、どうフォローすればいいでしょう。（5年生・日能研）

A

子供がまず問題を解いて、それから先生が解説するというスタイルの授業だと、どうしても授業が「答え合わせ」になってしまうことがよくあります。先生のほうもテキストに書かれている単元のポイントの説明を読んでいるだけ、ということも少なくないので、こうなると塾で学習する効果が十分に出ません。
まず授業の受け方ですが、これもひとつ前の質問の答えと同じです。授業中に「○△×」とつけていくように指導してみてください。

○＝自分で解けたもの
△＝説明を聞いたらよくわかったので、次に似た問題が出ればできるもの
×＝説明を聞いたけどよくわからなかったもの

そのうえで、復習時に「△」の部分をもう一度自分で解き直させてください。その場合、自分で解き終わったら「お母さんに解き方を教えて」と、子供に「ミニ授業」をしてもらうのです。

これはとても効果的な学習です。自分で説明することで、子供は解法をはっきり整理できます。また、お母さんに教えることができた、説明できたということが大きな自信になるのです。お母さんは「そうじゃないでしょ、こう考えるんじゃないの」などと口をはさまず、どんなにたどたどしい説明でも「なるほど」「そういうことか〜」と聞いてあげて

ください。「ここはどうすればいいの？　よくわからないな」と質問してもいいでしょう。お母さんはあくまで「教える」のではなく「教わって」ください。その時間を、お母さん自身が楽しんでほしいのです。

宿題も、○と△の類題を中心に先に行い、間に合わなければ×は省いてけっこうです。優先すべきはつねに△で、全部やることが目標ではありません。

塾の授業は、同じ単元を一度しかやらないわけではないので、「難問までぜんぶ終わらせないと落ちこぼれる」などと心配する必要はないのです。

テスト直しは「正答率」を参考にして、正答率が高いものをまず優先的に見直し、理解しておくようにしましょう。

Q

もう6年生になりましたが、とにかく塾の宿題に追われて、復習、振り返りがまったくできません。どうしたらいいでしょうか。（6年生・日能研）

A

ちょっと心配ですね。宿題に取り組むのはとても大事なことですが、そればかりで復習の時間がとれないとなると、成績も伸びにくくなるかもしれません。6年生になると、やがて過去問にも取り組まなければならないので、ますます時間がなくなります。

一度、学習のサイクルを考えて直してみてはどうでしょう。

日能研に通っている子供の学習サイクルの原則は次の通り。予習が禁止されているようなので、授業を受けるところから始まります。

① 授業を受ける
② 復習し、質問して内容の理解を固める
③ 宿題などで①、②を強化する
④ 振り返り学習で①〜③を定着させる
⑤ テストによって定着を確認する
⑥ テスト結果を分析する

これを繰り返していくことになります。ビジネスで言う「PDCAサイクル」です。これをうまく回すには、②〜⑥にどれだけ時間を配分するかが重要になります。③の宿題に時間がとられすぎると、④〜⑥の学習に手がまわりません。そうなると、宿題を100問こなしたとしても20問、もしくはそれ以下の問題しか定着しません。

それよりも、「今解けるようにすべき問題」を50問に絞り、確実に定着させていく方が学習効率がよいことになります。

塾の先生に「今解けるようにすべき問題」の取捨選択をお願いしてみてください。多くの生徒を抱えている先生は断られることも多いと思いますが、そのときは「宿題の取捨選択」の許可をもらえるよう、お願いしてみましょう。

そして、その日の勉強を始める前に「やるべきことをリストアップする（見える化する）」「リストを、『◎＝絶対にやること』『○＝できるだけやること』『△＝余裕があったらやること』に分類する」と、効率よく学習できます。

1章でご紹介したような1週間単位の学習スケジュールをざっくりと立てて、そこに「今日やること」のリストをメモして進めていくと、効率よく、焦らず学習できます。

Q

6年生になると塾が週5日になるそうですが、時間が足りなくなりそうで不安です。6年生になる前に気をつけておくことはありますか。（5年生・日能研）

A

5年生のお母さんからは、よくこうした質問が寄せられます。すでに子供は十分忙しいのに、もっとやることが増えるのかと思うと不安になるのはもっともです。

一般論として、5年生のうちに気をつけるべき最大のポイントは、まず授業の内容をしっかり身につけることです。「難しい問題が解けない」ことに不安を抱きすぎず、まず授業内容のなかでもベースになるものを確実に身につけてください。わからない部分、あいまいな部分には、授業中にしっかり印をつけさせるようにして、すぐに質問することも大切です。お母さんがフォローできるものはしてあげてください。

6年生になると内容はぐっと高度になり、さらに授業のスピードが上がるので、授業に集中し、確実に毎回理解していこうとする習慣が一番大切です。

宿題については、クラスの上位生徒を基準にして出されるので、必ずしもすべてをこな

す必要はありません。

また日能研の場合、6年生になると「前期日特」（日曜特訓）が始まり、これは早い時期から入試レベルの問題に触れる機会ではありますが、日常の学習サイクルがうまく回っていない場合は、そちらの立て直しをまず優先し、そのうえで参加するかどうかを決めましょう。

日々の授業の復習が不十分なまま、さらに日曜特訓を受けるよりも、日曜日を「復習の日」にしたほうが効果的という場合も多いものです。

Q 希望している志望校別クラスに入れませんでした。志望校を変えるべきでしょうか？（6年生・SAPIX）

A SAPIXは教室ごとに志望校別クラスを設置しており、そのコースに入れた時点で、合格可能性の30％ほどは確保できたと考えられます。**逆に、入れなかった場合は可能性があまり高くないことを理解する必要があります。**「これからがんばれば大丈夫」と、ただ励ますのではなく、原因をよく探りましょう。

お母さんが第一志望を諦めきれない理由として挙げられるのが、「家ではかなり高度な問題も解けるのに、テストになるとミスが多くて点数が伸びない」というもの。しかし、親が思うほど「単純なミス」ではないケースの方が多いことも知っておいてください。

単に「できた」「できない」だけでなく、問題用紙に残った計算や式などの書き込みをよく見ることで、子供が問題を解くときにどう頭を使い、どう考えて処理をしようとしたのかを探ってください。本当に単なる「計算間違い」だったのか、字が汚いために自分の式の数字を読み違えているのか、あいまいな理解だったことが原因の間違いなのか、よく見ましょう。

そのうえで、やはり単純なミスが多いのであれば、テストの際の時間配分、できる問題とできない問題の取捨選択、最後のチェックなどのやり方を考えなおす必要があります。ただ、自分の書き込みや式が後から読み直せないほど乱雑な場合は、そこから立て直す必要もあります。

また、「単純なミス」と思うようなことでも、実際には基本的な理解があちこちで曖昧だったりするケースが多いものです。自宅学習でパターン問題を続けていると、ある程度解けているように見えますが、パターンに則った一種の「勘」で問題を解いている場合、それは本当に理解したうえでの解答ではないことがあります。

このあたりは、ノートやテストの解答欄を精査するとわかります。ご両親で難しければ、短期でも中学受験専門の家庭教師を頼んで相談してみるといいでしょう。

Q

学校説明会の時期ですが、本命校にはまだ成績が届きません。どのあたりの学校を見に行けばいいか、と悩んでいます。いつごろまでに「本命」を決めるべきですか？（6年生・SAPIX）

A

4月の「SAPIXオープン」（志望校別の公開模試）を受けて結果が思わしくない場合は、迷いが深まることと思います。

志望校の変更を考え、どこを見に行こうかと悩むよりも、「GS特訓」（6年生の5月に行われるゴールデンウィークサピックスと呼ばれるクラス）で、課題を見つけましょう。そのうえで、6月の「SAPIXオープン」に臨んで結果を出すことを目指します。

9月の「志望校別特訓」でどこのコースに入れるかが、大きな目安となることは知っておいてください。塾のコースによって志望校を変えるのは本末転倒では、と思われるかもしれません。現実的には、SAPIXの場合（他の多くの塾もそうなのですが…）志望校別特訓が「最大の受験対策」と位置づけられています。

Q

SAPIXに通い始めたのですが、カリキュラムの内容、スピードについていけず、下のクラスのまま低迷しています。いま4年生ですが、このまま通わせてもいいのでしょうか。子供はSAPIXに通いたいと言っています。（4年生・SAPIX）

A

転塾以前に、まず学習サイクルを見直し、不要なことをしすぎていないか、時間配分はうまくいっているか、家庭学習のスケジュールに無理はないか、などを見直すことが先決です。この部分については、他の章などを参考にしてみてください。

そのうえで、やはり塾のカリキュラムについていくこと自体が難しいようであれば、転塾についても検討しましょう。

塾側は「がんばってクラスを少しずつ上げましょう」と言うでしょう。マンスリーテストで着実にその月の復習をしていけば、クラスは少しずつ上がるかもしれませんが、組分けテストは全クラス共通。下位クラスの授業では扱わなかったような問題も出るため、点数が非常にとりづらく、いきなりクラスが大きく下がってしまうこともあり得ます。

このように、一度下がると、なかなかクラスを上げにくいのが実情です。SAPIXは上位の生徒向けにつくられたカリキュラムを持つ塾で、難関校の合格者も多いです。そのカリキュラムについていけない場合、ついていくことに非常に大きな負担がかかる場合、クラス分け変動のシステムが精神的につらすぎる場合、家庭でサポートしきれない場合などは転塾を視野に入れた方がいいでしょう。

アルファベットの「R」まであるようなかなり大規模な教室の場合、O〜Pクラスあたりがほぼ偏差値50と考えられます。SAPIXの偏差値50はけっしてレベルが低いわけではありません。受験生一般としては、それなりの上位・中堅校が射程内に入るものです。

塾内偏差値は、母集団の学力によって変わります。SAPIXよりやや学力が下の子供が多く通う塾に移ると、同じ実力でも偏差値の「数字」自体は上がることが多いものです。お子さんによってはそれが大きなモチベーションになり、気持ちが明るくなって楽しく学習できるようになることもあります。

ただし、塾が変わればカリキュラムも変わるので、最初のうちはついていくのに戸惑うこともあるでしょう。一般的に言うと、他塾からSAPIXに転塾するより、SAPIXから他塾に移るほうがカリキュラムについていくのは楽でしょう。

「子供がSAPIXはやめたくないと言っている」とのことですが、これは子供なりのプライド、友だち関係なども大きく影響していると思います。「友達が通っているからやめたくない」「落ちこぼれてやめたと思われたくない」とSAPIXのブランドにこだわることがあるのです。

「SAPIX」は難関校に強いことが売りで実績もある塾ですが、通っていること自体がステイタスになっているというケースもあります。お母さんの考え方が子供に与える影響も大きいように思います。

SAPIXに通っているだけで安心していないか、あとは塾任せにすればいいと考えていないか。こうしたことにとらわれず、本来の目的をよく見つめ直すことも非常に大切です。**塾は「道具」「手段」であり、最終的な目標は合格することです。**

まだ4年生であれば、この機会に「なんのために中学受験をするのか」ということを、あらためてご家族で話し合ってみてください。

「難関校に入りたい」というだけでなく、なんのためにわざわざ苦労して難関校に進ませたいのか。もちろん志望校がどこであれ、偏差値を上げれば選択の幅は広がります。しかし、なんのための中学受験なのか、少しだけ立ち止まって考えることも必要です。

そのうえで転塾を検討する場合、候補とする塾の情報を詳しく調べ、本当に「目的」に合った塾なのかを吟味してください。

Q

四谷大塚準拠の塾に通っていますが、社会で暗記したことをその場限りで忘れてしまいます。定着させるにはどうフォローしたらいいでしょうか。（5年生・四谷大塚準拠塾）

A

社会はどうしても「暗記」が多くなりますが、できるだけ効率よく覚え、それを定着させておきたいものです。

とはいってもカリキュラムはどんどん進んでいき、社会の復習をしっかりするのは簡単ではありません。授業で学んで覚えたつもりでそれっきり、になりがちです。

単に単語を羅列して覚えるだけでなく、内容を理解して覚えると記憶は定着しやすくなります。内容を理解するには、説明の文章を隅から隅まで読み返すことからはじめてください。また、内容を「点」で覚えるのではなく、それぞれを関連づけながら覚えると記憶が定着しやすく、また、応用問題にも対応できるようになります。

また、普段から、できるだけ「覚えたことは書いて確認する」という作業を習慣にしておくのが効果的です。また、翌日に「覚えたことを一度思い出してみる」という作業も有効。これはお母さん相手に、口頭で思い出しながら覚えたことを言ってみる、といった方法でも楽しく進められるでしょう。

一週間後、一カ月後にもチェックしてみましょう。「一週間後にチェックして覚え直せば、一カ月後でもだいじょうぶ」とか、「翌日チェックしないと一週間後には忘れている」といった子供の記憶パターンがわかると、お子さん自身も「翌日チェック」で「これで安心」と次の課題に取り組めます。「社会の復習を日曜日に必ず1時間」などと決めておくといいでしょう。

Q

6年生になって、はじめて子供が自分の口から「本命の志望校」を言いました。ところが、現在の実力ではまだとても届きそうもない学校なのですが、どう対応してやればいいでしょうか。（6年生・四谷大塚）

A

6年生となるといよいよ志望校を視野に入れ、具体的に過去問にも取り組み始めることになります。子供自身が志望校を明かしたことは、お母さんとしても「いよいよ本気になったかな」とうれしく思う半面、まだ手が届かない学校だとこれまた心配ですね。

でも6年生であれば、まだ本命校には手が届かないことも、ある程度は自覚しているはずです。そのうえで口にしたのですから、「そこに向かってがんばりたいんだ」という意思表示なのだと思ってください。

いきなり「そこは無理よ」「高望みはしないほうがいい」という対応ではなく、いまの段階では〝チャレンジ校〟であることはきちんと告げたうえで、「あなたが目指したいなら、いくらでも協力するから一緒にがんばろう」と励ましてあげましょう。

偏差値だけを理由に無理に諦めさせるようなことはせず、モチベーションを保つためにも、チャレンジを応援することが基本です。

そのうえで日々の学習をフォローし、同時に親子で中学生活にどんなことを期待しているのか、なぜその学校を選ぶのかについて、子供と話し合ってください。実際に学校見学などに行くと、子供自身も気持ちが変わったり、あまり視野に入れていなかった学校に親子ともに目が向けられることもあります。

Q

四谷大塚準拠塾ですが、問題集が多すぎてどれをやっていいかわかりません。国語は「予習シリーズ」「演習問題集」「漢字と言葉」に加えて、『でる順ことばの問題3000』（旺文社）。算数は「予習シリーズ」「予習シリーズ・計算」「演習問題集」に毎週授業ごとのプリントが配られます。宿題、授業の復習以外、塾から「どこをいつまでにどの程度やればいいか」という指示がなく、困っています。全部やるべきですか？・（5年生・四谷大塚準拠塾）

A

四谷大塚の直営校の場合は、クラスによってこれらの教材の使い分けが指示されますが、準拠塾（YTネットの塾）だと独自の副教材が採用されることもあるため、取捨選択に迷ってしまいます。

ご相談の例だと、塾が独自プリントを配っています。おそらく、すべてやると内容が重複している部分があるはずなので、物理的に難しく効率もよくないと思います。

四谷大塚準拠塾の場合は、まず「予習シリーズ」の本誌をしっかり理解することをメイ

ンに学習を進めましょう。漢字と計算は、とにかく「毎日少しずつ継続すること」が大切なので、両方合わせて30分以内で取り組みましょう。

そのうえで独自プリントをこなすようにしてください。「演習問題集」については、予習シリーズをしっかり理解することができて、さらに余裕があれば手をつければいい、と考えておいていいでしょう。

Q

6年生になり本人も以前よりとてもがんばっているのに、なかなか成績が伸びません。とくに理科、算数にはまだ伸びしろがだいぶあるように思うのですが、どうフォローしてあげたらいいでしょうか。（6年生・日能研）

A

まず、普段のがんばりをたくさんほめてあげてください。ただ6年生になると他の子供たちも、がんばりはじめるため、どうしても「成績急上昇」とはいきません。「ほかの人もみんながんばっているんだから、しょうがないよ」とひとまず割り切ることです。

このようなときに勉強時間を延ばしたり、問題数を増やしたりするのは逆効果。むしろ、勉強の方法や理解度をこまかく見直して、足元を固めるようアドバイスしましょう。結果的に、それが後からの着実な伸びにつながります。

6年生の理科・算数のチェックポイントはまず3つ。

①きちんと覚えておくべきこと、つまり「算数の各種の解き方」「理科の現象や名称」について、知識がひと通り頭に入っているか（インプットされているか）
②それを丸暗記ではなく、なぜそうなるのかを人に説明できるレベルで理解しているか
③覚えた公式や現象などの知識を複数組み合わせて、問題を解くときに使えるか（アウトプットできるか）

偏差値55あたりからもう一段上げるには、この中で②が一番大切です。

入試に必要な内容は、6年生の1学期でひと通り学習が終わります。算数は、以前習ったものと同じ単元名であることもありますが、一段階上のレベルの学習になっています。

まず、いま習っている単元を、確実に得点できるようにすることを最優先してくださ

い。その際に注意していただきたいのが、本当にわかっているのかどうかということ。同じ問題を何度も解き直していたり、丸暗記した公式を当てはめるような方法でがんばっても、なかなか効果は現れません。

覚えた知識を問題に即して使うためには、公式の丸暗記ではなく「どうしてそういう公式が導かれるのか」「なぜそういう現象が起きるのか」を理解しておくことが必要です。問題に取り組むとき「設問に答えるためにはどんな知識や公式を使えばいいのか」「それはなぜか」について説明させてみてください。

お子さんが基礎的な問題で公式を正しく理解して使っているかどうか、これも時々お母さんが生徒になって、子供から解法を説明してもらうといいでしょう。説明することで子供の理解も深まりますし、あいまいな部分もはっきりします。

Q 前期のNNアタックで志望校別クラスに入れませんでした。後期も入れなかった場合は、志望校を変えるべきですか？

（6年生・早稲田アカデミー）

A 早稲田アカデミーの看板講座とも言えるのが「NNコース」。「NN」は「なにがなんでも」の略で、体育会系のノリがある早稲田アカデミーらしいネーミングです。4月～7月は「NNアタックコース」、9月～1月は「NN志望校別コース」になります。これは日曜日に実施され、1回2時間半、2科目を学習して2週間4科目。上位校の対策コースとしては必須と考えておいていいでしょう。

まずは前期のNNアタックの選抜テストにトライする人が多いと思います。教室によっては、選抜テストの倍率が2倍以上になることもあります。

しかも「NN志望校別特訓」の定員は、全体で該当校に合格する人数の3～5倍。NN志望校特訓のクラスに入れたとしても、合格できるとは限りません。

逆にNNアタックに入れなければ志望校に合格できないということはもちろんないので

すが、**4月に選抜テストを受けてまったく歯が立たない状態だった場合は、対象校への合格はかなり厳しいと受け止めましょう。**

それでも、逆転を目指して志望校を変えずにチャレンジしたいという場合は、早急な対策が必要です。これまでの学習のよくなかったこと、よかったことを洗い出し、より効果的な方法を見つけ出すのです。場合によっては、家庭教師や個別指導などの応援を受ける必要もあるでしょう。ただし、中学受験のスペシャリストとして高い技量を持つプロを選ぶことが必須となります。

そのうえで9月に志望校別のクラスに挑戦してください。ここで入れなかった場合には、やはり志望校変更も視野に入れたほうがいいでしょう。

お子さんのタイプにもよりますが、お子さんと率直に話し合って、同傾向の学校を併願し、あくまで第一志望へのチャレンジは変えない、という選択でもかまいません。そのほうが最後までモチベーションを保てる場合が少なくないからです。第一志望校合格とはならないかもしれませんが、チャレンジそのものがお子さんの経験にマイナスになることはないでしょう。

Q

理科の「植物」「天体」などの単元が苦手で、本人もそれを自覚して「嫌い」といってやろうとしません。どうやって学習を促せばいいでしょうか。

（5年生・早稲田アカデミー）

A

こういうお子さんはたくさんいます。苦手なものに取り組むのは大人でもたやすいことではないので、当然といえば当然です。

理科の場合は「覚えることが多くて嫌だ」と拒否反応を示すケースが多いです。特に男子の場合、「生物分野が苦手」という子がたくさんいます。

「必ずしも理科の暗記は膨大な量ではない」ということを、少しずつ教えてあげてください。図鑑に出ている植物を全部暗記する必要などないこと、入試に出るのは身近な限られた動植物であること、落ちついて問題文を読めば暗記しなければ解けない問題はそれほど多くないこと、などをいっしょに確認しましょう。

日常の食卓に上る野菜や果物、庭やベランダの草花、公園の木に着目して興味を深めるのもいいですし、また実際の問題に出た植物を探したり、図鑑やネットでいろいろな角度からの写真を見たりすることも効果的です。

天体については立体的なイメージで捉えることが難しいため、苦手意識を強く持つ子供がいます。はやぶさの帰還やはやぶさ2の打ち上げ、火星探査のニュースなどをきっかけに、子供自身に地球と星の距離などを調べさせ、説明してもらったりノートにまとめさせたりしてもいいと思います。天体分野については、イメージが目で見てわかりやすいデジタル教材もたくさんあるので、利用すると苦手な天体が一気に楽しいものになるかもしれません。意外な発見や驚き、「そうだったのか」という納得感が得られたとき、苦手意識が払拭されます。また、「とにかくがんばりなさい」ではなく、「今日はこの部分をしっかり理解しよう」「次は演習問題をやってみようか」と**少しずつ目標を設定しながら、階段を上らせてあげてください。**

8章

無理なくムダなく進む合格までのスケジュールの立て方

進学塾に通うなら最初から4教科で始める

塾の科目は4年生から「4教科」で始めるのが鉄則です。4年生のうちは算数と国語だけでいいというのは間違いで、必ず途中でつまずきます。5年生から理科、社会を始めると、習っていない項目がすでにその段階で非常に多くなってしまうからです。

塾では社会の地理分野の半分以上は4年生で終わりますし、理科の「光」、「身近な動植物」など大切な単元も終わっています。社会では、文字の羅列としての知識ではなく、たとえば「雪の多い地方のくらし」などのように具体的で生活に直結した話題をあつかい、理科では「春のころ」「夏のころ」などのように、実体験に近い話題を学習します。

今後、新たに仕入れていく膨大な知識をつなげていくための「核」となる知識や考え方の多くが、4年生で終わります。そのため、5年生からだと負担が大きくなってしまうのです。

理科や社会は毎週どんどん先に進んでいくなかで、まったく違う分野の単元でも追いつこうとすると、とても大変になってしまいます。

本気で中学受験を目指すなら、4年生から4教科を取ってください。1週間のうち算数と国語が2回ずつ、理科と社会は1回ずつ。合計で6コマになりますが、たとえば月曜と金曜は算数と国語、水曜に理科と社会といったものがレギュラーの時間割になり、さらに土曜特訓などが加わる場合もあります。

上位クラスに入ることの意味

入塾のために準備が必要なこと、入塾のためのテストがありそれがクラス分けを兼ねていること、また最初の段階でできるだけ上のクラスに入っておくべきこと。これらについては、2章でご説明した通りです。

なぜできるだけ上のクラスに入ったほうがいいのかというと、前述した通り入ってから上がるのがかなり難しいからです。どんな塾もパンフレットには「入ったときは一番下のクラスだったのに、どんどん上がって難関校に合格」なんていう「体験談」が載っています。しかし、**こういう例は本当にめずらしいから載っているだけ**。

塾の授業はそれぞれのクラスの実力に応じた内容になっています。したがって、同じ問題でも下のクラスではより簡単な解法を1種類だけ教えるということもあります。塾によっては、上のクラスは授業時間数が多い場合もあるため、日常的に差が広がりやすいケースもあります。

クラス分けテストは1種類だけで、上のクラスの子も下のクラスの子も同じテストを受けます。つまり下のクラスの子にとっては習っていないことがたくさん出題されるということで、当然点数は伸びにくくなる。テキストには入っているので、習っていない問題は自分で勉強するしかありませんが、それはほとんど不可能です。

入塾段階でできるだけ上のクラスに入ったほうがいいというのは、そういう意味です。

もちろん入塾後の努力でクラスが上がることはありますが、反対に下がってしまう場合もありえます。

スケジュールは「目的」から逆算して立てる

中学受験では、先の予定を見据えてそこから逆算したスケジュールを立てることが大切です。2月からのクラスが1月のテストで決まるなら、前年の9月くらいから準備をする必要があることはもちろん、**受験日から逆算した準備も必要です。**

逆算のテクニックは、あらゆる局面で大切だということを忘れないようにしてください。

たとえばある塾では、6年生の7月から「志望校別特訓クラス」が始まります。志望校がもう決まっている段階で、対象の中学向け対策クラスがあるなら絶対に受講すべきです。

しかしここでも「受講資格」は限られます。この塾では6年生の5月、6月の学力テストのどちらかで「指定偏差値」をクリアすれば志望校別特訓クラスに入ることができます。最終目標は志望校への合格ですが、まずはこのクラスに入るほうが先決です。5月と6月、チャンスは2回あるとは言うものの、5、6月は学校行事が多く準備に集中できない時期。つまりもっと早い時期から準備して、5月のテストをクリアしてしまったほうがいいということになります。

この塾の学力テストは、6年生の4月からレベルがぐんと上がります。5年生までのテストのつもりで4月のテストを受けると、戸惑うことがあるでしょう。そこで、まずは4月のテストを5月のテストの予行演習と考えます。つまり3月から準備を始めて4月のテストを受け、結果がよければ大きな修正なしに5月のテストに臨めます。そして、もしそこで指定偏差値に届かなくても、もう1カ月猶予はあるわけです。

そう考えると、6年生7月からの「志望校別特訓」を受けるのにもっとも大切な時期は3月だということがわかるでしょう。これが、「逆算」の大切さなのです。

塾のシステムやテストの意味、受講資格などを知ったうえで常に逆算し、子どもに「今何をすればいいか」を伝えていくのです。**中学受験で親がすべき最大の「仕事」とは、スケジュール管理に他なりません。**

1日、1週間、1カ月、1学期、そして1年、3年というそれぞれのスパンでのスケジュール管理をやり抜いた親子が、受験の勝者になるといえるでしょう。

「根性」と「気合い」で受験は乗り切れない

ただ、4年生の最初から志望校を「ここ一本!」と決め、ガッチリした理詰めのスケジュールを組んでしまうと、少しでも予定が崩れたときに立て直すことができなくなります。子どもの成績の伸びや健康状態、楽しそうにしているかどうか、なども見きわめながらマネージメントしていきましょう。

決して「根性と気合いが大事だ」などと叱咤激励したり、子どもを深夜1時2時まで勉強させたりしないでください。そんなことをさせて子どもが受験に失敗したら、これは100%親の責任です。

6年生になればたしかに勉強は難しくなり、焦りも出てきて勉強時間は伸びるかもしれません。しかし、あらかじめどのくらい大変になるのかを見越して時間管理をすれば、「やるべきことだけ」を効率よく消化していけるはずです。**限られた時間を子どもにどう使わせるかは、親の力量次第**なのです。

たった1日のスケジュールを見ても、子どもは学校から帰ったあと、これだけのものをこなしていかなければなりません。

・学校の宿題
・塾での勉強
・塾の宿題
・塾の復習
・テスト直し
・塾のテストのための勉強

今日必要なものだけを適切な方法で行うには、どうしてもあらかじめスケジュールを立てておく必要があります。

しかし、いきなり「月曜日は7時から8時は算数の宿題、9時から10時は社会の復習、10時から国語のテスト直しで……」と、機械的に「やること」を詰め込んでしまうと必ず失敗します。10時半にはお風呂に入って寝る予定が、11時になっても11時半になっても終わらない、などということになり、予定が初日で崩壊してしまうでしょう。

また、終わるには終わっても、字はグチャグチャ、テスト直しも適当、しかも睡眠不足……ということになりかねません。これではやらないほうがマシです。

大切なことは、全部並列で詰め込むのではなく、以下のことをよく考えてからスケジュールづくりをすることです。

○何をやるか
○いつやるか
○なんのためにやるか

無理とムダのない1週間の予定の立て方

まず、最初の1週間は無理に予定を立てず、自然なペースのままで子どもに学習をさせ、毎晩寝る前に「その日やったこと」を書き出します。こうすることで、学校や塾の宿題がどのくらい出ていて、どのくらいかかったかがわかります。

次の1週間は、今度は子どもの帰宅後、その日にやらなくてはならないこと、やりたいことを箇条書きにして書き出し、終わったら線で消していきます。書き出したけどやり切れなかったものは、そのまま残して、翌日の「やること」の最初に回しましょう。

2週間がすぎたら、「実際にやったこと」を全部書き出し、これを参考にして1週間の予定を立てるのです。つまり、1週間の予定は2週間かけて立ててください。

以下の点に気をつけて、1週間に落とし込みましょう。

①学校の宿題の予定を必ず入れる
②塾の授業がある日は、塾の復習を必ず入れる
③理科と社会が不足しないようバランスを取る（問題を解くだけでなく、「問題文を読む時間」「解く時間」「暗記の時間」は分けて考えること）

放課後から寝るまでの時間と休日のすべてを塾と勉強だけで埋め尽くすようなスケジュールは立てず、「**少し頑張ればできそう**」**というレベルに調整することが一番大切**で

す。

テストがある場合はその準備、そして必ず入れるべきなのが「テスト直し」です。間違えた問題があれば「次は頑張ってね」と言うだけでなく、**どこを間違えたのか、なぜ間違えたのか、どこがわかっていないのかをチェックするのが本当のテスト直し**です。

塾のテストというと、どうしても点数、偏差値、順位にばかり気を取られますが、本来の目的を忘れずに！

予定表には「暗記もの」「練習もの（計算、漢字など）」「考えるもの」などを区別してマークをつけ、暗記ばかりに走らないように導いてあげるのもいいと思います。

塾で伸び悩んでいたら基礎訓練に立ち返る

学校では「できる子」なのに「塾に行ってからは伸びない」という例をよく聞きます。また、4年生までは塾でも順調だったのに5年生になってから伸びない、ということもよくあります。進学塾の場合だと、通っている子はほぼ全員がそもそも学校で「できる子」

であり、塾でも4年生のうちはあまり大きな差は出ないことが多いため、「学校でもできる、塾でも伸びている」という形で進む場合が多いのです。

ところが5年生になると、学校では相変わらず「できる子」だけど、塾でついていけなくなってしまう子が増え始め、6年生になるとさらに増えていきます。

これにはいろいろな理由が考えられますが、塾に行ってから伸びないという場合は、やはり「塾以前」の生活知識、身体感覚のようなものが問題かもしれません。これらが身についているかどうか、十分に基礎訓練ができているかという点が、学力の差になって表れてくるのです。この点については、5章でお話ししたとおりです。

小学校高学年になってここが弱いことに気づいたら、塾に行き始めてからでも遅くはないので、じっくり子どもと向き合って、会話を増やし、体験を増やしてあげてください。

「学校ではできるのだから、塾でももっと頑張りなさい」「もっと勉強時間を増やしなさい」などの言葉は禁物です。

また、塾のレベルやタイプが合っていないのかもしれません。

「転塾」がいい結果を生むこともある

成績も伸びず、本人もつらそうでやる気が見えないというような場合、基本重視型のところに転塾したほうがいいこともあります。

地域で最もレベルの高い子どもが集まっている塾で塾内偏差値45だった子どもでも、他の塾に移るといきなり偏差値が55に上がることもある。母集団の平均レベルが下がると、本人の偏差値が上がるわけです。

学力が急に上がったわけではないのですが、それでも子どもにとってはとてもうれしいものです。**これをきっかけに、がぜんやる気を出すこともめずらしくありません。**

塾に行き詰まった場合には、塾通いそのものや受験自体をあきらめてしまう前に、転塾を検討するのもひとつの方法です。

レベルが高いと言われているところから転塾すると、なにか「都落ち」のように思うかもしれませんが、お父さんお母さん自身がこういう気持ちを持つようだったら、その影響は確実に子どもに伝わります。これは決していいことではありません。

子どものためにどういう対策をとるのがいいか、じっくり考えてみてください。

直接会わなくても塾の先生の力量はわかる

塾の様子は、親には非常にわかりにくいものです。「授業見学」を認めている塾は少数です。また、実際に授業を担当している先生とコミュニケーションを取ろうとしても、なかなか難しいものです。親との面談は「担任」や、「教室マネージャー」と言われる役目の先生が行うことが多いのですが、実際に子どもを教えてくれている先生とは限りません。たとえば親が「算数担当の先生に相談したい」と思っても、直接時間をとってもらうことができる塾は少ないでしょう。

志望校の選定などの進路相談はどこでも行っていますが、4、5年生はせいぜい1年に1回。6年生だと1学期と2学期に1回ずつあればいいほうです。

この機会だけでは、日常の不安などを相談することはとてもできません。

親としては、どんなレベルの講師がどんな授業をしているのか、といったことも気になるでしょうが、**「講師のレベルや力量」を見きわめて「この先生の授業を受けたい」というのはほぼ不可能**です。

授業の内容や先生の人となりなどは、子どもから聞くしか手段はほとんどありません。

私も、家庭教師をしている子どもが塾でどんな先生にどんな指導を受けているのか、知りたいと思うときがあります。

そんなときは、子どもが持ってきた塾の授業中のノートを見ながら、「これを書いたとき、先生はどんな説明をしてくれた？」というところから聞き始めます。また「この問題はどうやって解くように教えてくれた？　他の解き方は習わなかった？」といったことを聞いて、先生の力量を知ることも可能です。

一般的に、子どもが楽しそうに「こんなことを教えてくれた」「こんな解き方もあるんだって」などと話してくれていれば、だいたい大丈夫だと思っていいでしょう。そういう先生に教わっていて、成績が急降下しているケースは少ないはずです。

子どもが塾に行きたがらなかったら

問題は、子どもが塾に行きたがらない、また非常に暗い顔をしているときなどです。特定の科目だけだったら、その科目の基礎部分が抜けているせいである場合もあります。そのときは、自宅学習で基礎を固め直す必要があります。

もしくは非常に厳しい先生で、「宿題を全部やっていかなかったらひどく叱られた。もう行きたくない」ということもあります。

先ほど、塾の宿題は必ずしも全部やらなくていいと書きましたが、それで子どもが必要以上に叱られるようではかわいそうです。塾によっては「とにかく全部やってくること!」が鉄則のところもあり、家庭での調整がしにくいところもあります。

その場合は、**少しでも親が講師とコミュニケーションを取るようにすることが大事**です。「今日は体調が悪かったので、全部は宿題をやりきれませんでした」という手紙を子どもに持たせる、というのも一案です。これで子どもが必要以上に叱られることはありません。

塾に子どもを迎えに行き、見送りに出てきた先生に挨拶して顔見知りになっておく、ということも場合によっては有効です。

たいした用事ではなくても、ときどき「今日、少し子どもが家を出るのが遅れましたが、ちゃんと遅刻せずに到着しましたか?」というようなことでも電話をしておくのです。

塾と親のコミュニケーションはなかなか取りにくいのですが、すべての機会をとらえて、会える先生、電話で話せる先生と話したほうがいいでしょう。不満ばかりではなく、感謝すべきことがあればそれも伝えるようにします。

カリキュラムや入試スケジュール、子どもの現在の学習内容もしっかり把握している親だとわかれば、塾側もそれ相応の対応をしてくれます。授業を担当していないマネージャーでも、「○×先生に今度よく聞いておきましょう」と言ってくれるかもしれません。

まずは点数や偏差値などにとらわれず、子どもの表情をよく見て、常に話に耳を傾けてあげることが一番大切です。

そのうえで、必要だと判断したら、ためらわず塾側に相談してください。

「否定の言葉」は子どものやる気を失わせる

子どもが塾に行くようになってから、親子の会話がそれまでとはまったく変わってしまうことがあります。それもいい方向ではなく、悪いほうに変わってしまう場合がしばしばあるのです。

その原因のほとんどは、「順位や点数が思うように上がらない」こと。中学受験のための進学塾に通い始めた子どもは、前述したとおり学校では「よくできる子」である場合が多く、親も子どもの学力に自信があり、期待もかけてきているでしょう。

ところが、**親が思っているように成績が伸びないと、だんだんに不安や焦り、さらには怒りが出てきてしまうこともある**のです。

しかし落ちついて考えてみれば、中学受験をしようと集まってきている子はみんなそれなりに頑張っており、親も子どもに頑張らせようと努力しているのですから、わが子だけがスムーズに成績が伸び続けていくわけがないのです。伸びる時期があれば停滞する時期もあります。また、ときには下降する時期があって当然なのです。

そこを誤解して「うちの子の成績が上がらないのは、よその子より怠けているからだ」とハッパをかけたり、叱ったりする場合があります。その挙げ句、親子げんかばかりが増えていくようになってしまうのです。

お母さんが言うのは、「今日は塾どうだった？」「テストは返ってきたの？」「早く見せなさい！」「早く復習と宿題をやって、あとは社会の暗記でしょ！」と、そんなことばかり。子どもは笑顔も見せなくなってしまうでしょう。

どうか、こんなふうに子どもを責めたり叱ったりしないでください。

「あれをすべきだ」「これをしなくてはならない」というような、子どもの義務感にばかり訴えようとする話し方をすべきではないのです。

「あなたはここがダメなんだからこうしなくちゃ」「この前のテストの結果が悪かったのだから」「この問題は前もできなかったから」と、なにかにつけて「否定」から話を始め、「だからこうしなさい」という言い方ばかりのお母さんもいます。

しかし「こうしなさい」の以前に、否定された段階で子どもはすでに聞く耳を失っています。**否定の言葉というのは、大人でも子どもでも、とてもイヤな気持ちになるものです。**

お母さんがイライラする気持ちもよくわかります。でもそういうときこそ、深呼吸して「塾の成績は伸びないほうが普通」「ウチの子も頑張っているんだ」と自分に言い聞かせ、まず子どもを肯定する言葉を増やしましょう。

たとえば、「ここはすごくできているのだから、もうちょっとここを頑張ろうよ」「あなたはサッカーだといろんな作戦を考えられるでしょ？　それは算数の解き方をいろいろ考える力にもつながるんだよ」「水泳だって最初はダメだったのにすごく上手になったじゃない。同じ気持ちで毎日少しずつでも続けてごらん」。

こういう言い方なら、きっと子どもの心にも届くのではないでしょうか。

中学受験で成功する たったひとつの秘訣は「成功の予感」

少し前のテレビコマーシャルに、「やる気スイッチ」という言葉を使ったなかなかおもしろいものがありました。そのせいでしょうか、「うちの子のやる気スイッチを入れる方法はありませんか？」というご相談が増えています。どうやら、「やる気スイッチ」という言葉が市民権を得ているようです。

たった一言で、やる気のなかった子どもが急にやる気を出す――。そのような魔法の言葉を期待されているのでしょうが、はっきり申し上げてそんな便利なものはありません。そのような相談を受けるたびに、「『やる気スイッチ』はありませんが、『やる気階段』はあります」と申し上げています。これを、最後に少し詳しくご説明したいと思います。

子どもに「何々をすべきだ」と言ったとしましょう。その内容が親からすれば正当なものであっても、途方もない努力を要求されることだったり、永遠に続く苦難を予感させることだったりすると、やる気はまったく起きません。

子どもは（**大人でもそうだと思いますが**）、「**もうちょっと頑張ればなんとかなりそう**」**と思うことに対しては、すぐに努力を開始することができます。**そして努力を始めてしまえば、「今よりもうちょっと多く頑張れそう」と感じることもできるのです。

この「もうちょっと頑張れば何とかなりそう」と思えることは、実はすでに〝成功の予感〟を含んでいます。「もうちょっと○○を頑張れば、こんないいことが起きそう」という成功の予感です。

この成功の予感に導かれて努力した結果、なんらかの成果を味わうことが成功体験です。この成功体験が自信につながっていきます。

算数の偏差値をあと15上げないと志望校に届かないという場合、いきなり、「塾の復習を2回やり、計算練習を毎日、基本問題を3回、練習問題を週テスト前に2回やらないと、とても合格できないぞ」などと説教口調で言うのはよくありません。目標の「偏差値15アップ」はそのままでいいのですが、そこに向かうための「低い階段」を何段もつくってあげてほしいのです。たとえば、

母「マンスリーテストの大問2の小問で8割正解できれば、どう？」
子「うん、だいぶ上がりそう」
母「どうしたらそうできそう？」
子「マンスリーの前に、4回分Cランクを解き直そうかな」
母「それいいかも。でもちょっと多くない、Cの△だけでもいいんじゃない」
子「そうかな？　じゃあ、BとCの△をやってみるよ」
お「えらいわね。それができて大問2で正解が3つ増えれば、15上がるかもしれないわ。あなただったらできそうね」

子「うん、やってみる」

例をもう一つ挙げておきましょう。

母「テストが終わって家でやるとできるのに、テストの時にできないのはなぜかしら」
子「テストの時は、どうしても焦っちゃって思い出せないんだ」
母「そうね。がんばって勉強しているから学力はついてるとお母さんも思うわ。得点が上がるまでほんの少しのところまできてると思うけど」
子「どうしたらいいんだろう」
母「そうね。いきなり宿題をやるんじゃなくて、復習から始めたらどうかしら」
子「でも、そんなことしてると宿題が終わらないよ」
母「そうね、宿題が多いものね。あっそうだ、塾から帰ってきてすぐに復習するのはどうかしら、20分だけ。特に算数の授業があった日は」
子「う〜ん、できるかな」
母「家に帰ってきてから、少し難しく感じた問題の解き方を2〜3問だけお母さんに教えてくれるだけでもいいわ」
子「そのぐらいならできそう」
母「お母さんがわかるように説明できれば、その問題は完璧に解けるはずだもの。週2回として、1カ月で8回、20問ぐらいが完璧になったらテストの点数も上がりそうね」
子「じゃあ、やってみようかな」

このような会話の中で「階段」をつくりながら、子ども自身ができることを見つけてあげてください。それとともに、もし実行できたら起こりうる嬉しいことも想像させてあげてください。

中学受験は、家族が一致団結して子どもを支えていく時間です。その時間には「合格」以上に大きな意味があります。合否を超えて、その時間が子どもの将来にとって大きな力になり、同時に家族の絆を強くするもの。そうであってはじめて、「中学受験は成功だった」と言えるのです。

中学受験の学習期間は、子どもが一歩一歩階段を登っていくのを家族全員で喜び合える貴重な時間です。「こうあるべき」という状態にほど遠いからと、叱咤したり罵倒すべきではありません。

自分なりに頑張れることを見つけさせて、ちょっと頑張れるように仕向けてみる。その頑張りに応じて、子どもにとってちょっと嬉しいことが起きる。その嬉しさに励まされて、子どもがもうちょっと頑張ってみるようになる。このような子どもの成長こそが、家族の喜びにつながっていくのだと考えています。

この本の「はじめに」で、「楽しくなければ中学受験は成功しない」と書かせていただきました。目標の中学合格という高い目標に向けて、子どもが一段一段階段を登っていく喜び、これが家族全員の、そして子ども自身の楽しさです。この楽しさの経験が、子どもの将来を力強く励まし続けていってくれます。

お子さんの中学受験の勉強が家族全員にとって実り多いものになることを、心から祈っています。

付録

今どきの中学入試問題例

小学校では絶対に教えない「図」を使った解き方

問題だけでなく、「問題の解き方」も、昔とはかなり違ってきています。これはお父さんお母さんの世代ではあまり馴染みがないかもしれませんが、算数の問題を解くとき、問題文を精読してから、それを「図解」して考えるという思考法が特に塾では主流になっています。線分図、面積図、てんびん図法、ダイヤグラムといった「図法」による考え方を身につけ、これを問題文と行き来しながら考える力が求められるわけです。

たとえば「距離」「時間」「速度」の関係を理解するときに、かつては「ハ・ジ・キ」という図がよく使われていました。

要するに、「速度×時間＝距離」を図にしたもので、問題ではふたつがわかっていて残りのひとつを問われている場合が多いので、これを用いればいいというものです。

しかし、最近は「面積図」を使って理解するほうが主流です。つまり、距離をひとつの

◎以前の「距離」「時間」「速度（速さ）」の求め方

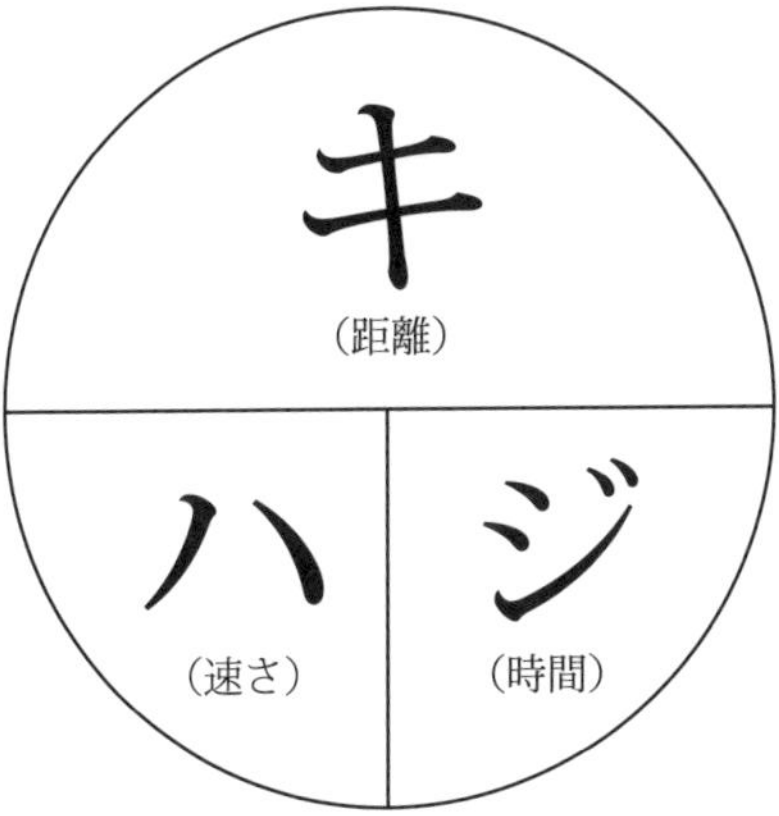

・キ（距離）＝ハ（速さ）× ジ（時間）
・ハ（速さ）＝キ（距離）÷ ジ（時間）
・ジ（時間）＝キ（距離）÷ ハ（速さ）

長方形と考え、縦の辺（または横の辺）を「速さ」、横の辺（または縦の辺）を「時間」、面積を「距離」として捉えるのです。

「8時に家を出て学校へ行くのに、毎分90mの速さで歩くと始業時刻の5分前に学校に着き、毎分75mの速さで歩くと始業時刻の2分前に着きます。学校の始業時刻は何時何分ですか？　また、家から学校までの距離は何mですか？」

といった場合にも、面積図を使って解いていきます。

横軸が時間、縦軸は速さ。求められているのは「学校への距離」で、「ア＋ウ」または「ウ＋イ」の面積です。学校への距離は変わ

◎最近の「面積図」を使った解き方

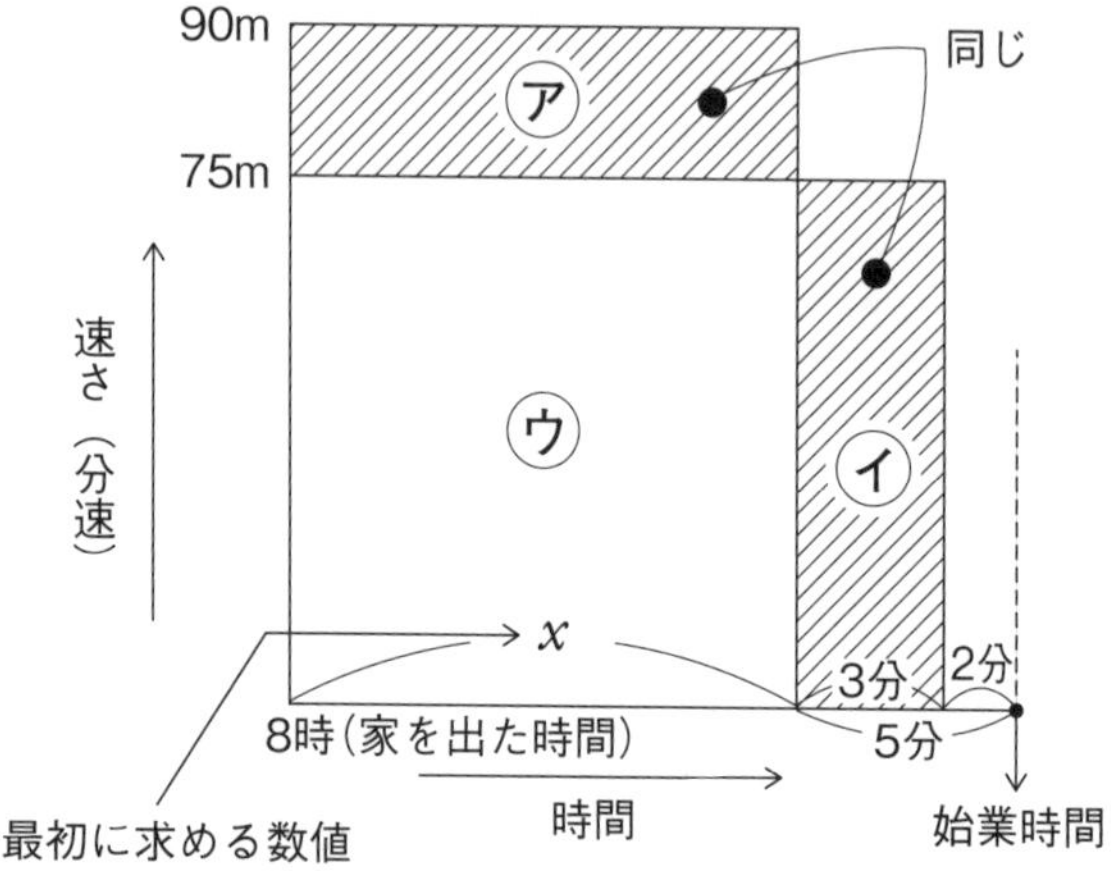

らないのでこのふたつは等しいことがわかります。さらに「ウ」が共通なので「ア」と「イ」の面積が等しいこともわかります。「ア＋ウ」または「ウ＋イ」の面積（学校までの距離）を求めるために、この図で「わかっていない」のは、「ア＋ウ（アの長方形の長さ）」の長方形の横の長さです。

イの面積は「75×3＝225」、アの面積は「15×求める値（アの横の長さ）＝225」ですから、アの横の長さは「225÷15」で15。毎分90ｍで学校に向かうと、15分かかるということ。つまり、始業時間は8時＋15分＋5分ということで8時20分。したがって、距離は「90ｍ毎分×15分（または75ｍ毎分×18分）」で「1350ｍ」となります。こうした考え方が、面積図の基本です。

距離、時間、速さの問題は、小学校の算数の授業ではあまり積極的に教えられることがないのですが、受験対策のための塾ではもはや常識です。

〝昔の難問〟は今の標準的なレベルの問題

では算数の「図形」について少し見てみましょう。

次々ページの問題Aは、30年ほど前に開成中学で出題された問題。つまり、「昔の難問」です。一方、問題Bは問題Aの「応用」と言えるものですが、現在では偏差値50以下の中学校の入試で出されているものです。

問題Cもまた昔の難問ですが、今は問題Dのようなものが、問題B同様、偏差値50を切る中学校で出題されます。

これらはどちらもいわゆる「パターン問題」に分類されるもので、過去問題、類題をたくさん解いていればなんとか対応できるタイプのものです。

パターンものというのは、「三角形の面積を求めるもの」の中で、まず30度の角を持つ直角三角形のものがあり、さらに15度の二等辺三角形において外角の30度を利用するもの……とさまざまです。これらのパターンをすべて一度経験しておけば、どれが出題されても「あ、あのパターンだ」ということで解ける。それがAの例です。

これが昔は難問とされていました。しかし、問題Bを見てください。一見するとまったく違う問題ですが、実はAの応用です。まず真ん中の小さい三角形がAと同様、ふたつの角が15度の二等辺三角形であることに注目すれば三角形の面積がわかります。この三角形を含む中心角が150度の扇型の面積を計算して、三角形の面積を引けば斜線部の面積がわかるというわけです。

パターン問題といっても今や一筋縄ではいかないものが増えており、昔難関校で出されていたのよりずっと複雑なものが、現在では中堅校の入試で出題されています。

◎以前と比べて、問題はこんなに難しくなっている

問　斜線部分の面積を求めなさい

問題 A　約30年前に開成中で出題された問題

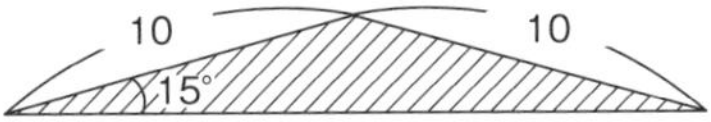

問題 B　現在の偏差値50以下の学校で出題される問題

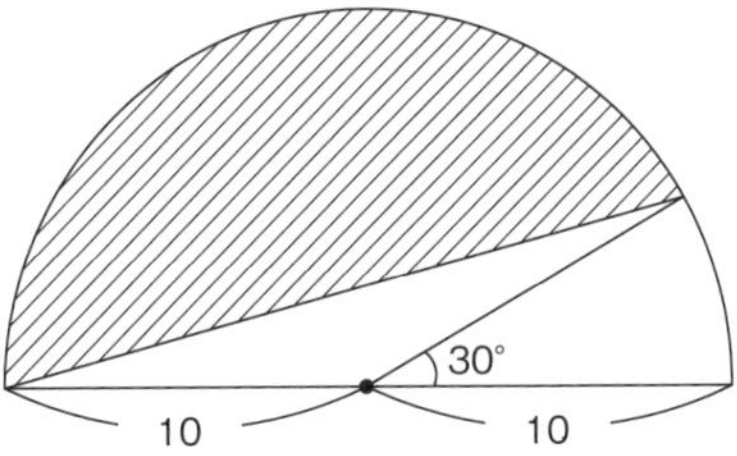

問題 C　約30年前に“難問”とされていた問題

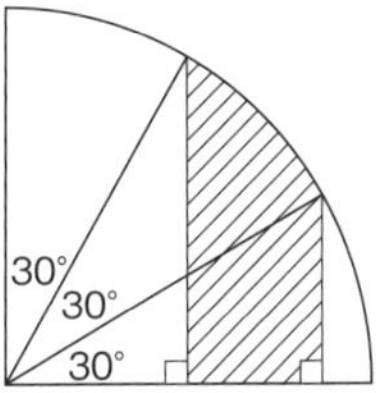

問題 D　現在の偏差値50以下の学校で出題される問題

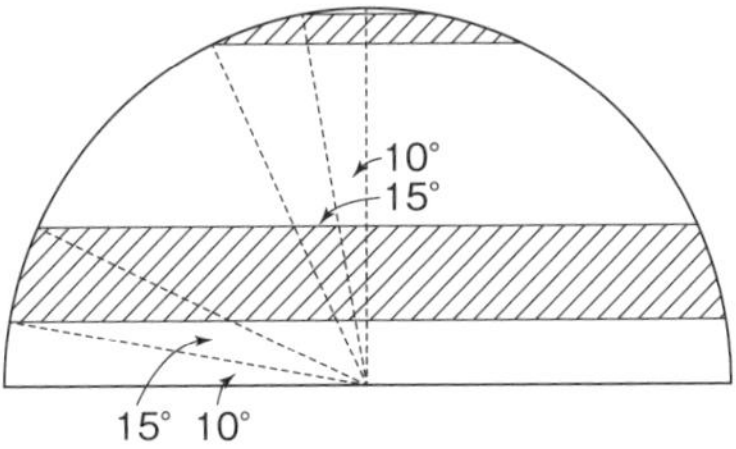

難関校で増えている「条件整理力」が試される問題

入試の予想偏差値が60を超える難関校や最難関校では、前項でお話ししたような「ちょっとした応用問題」で合否が決まるわけではありません。そのような問題は当たり前に解けることを前提に入試問題が作成されています。

最近の入試で合否を分けるのは、次ページに掲載したような、ていねいに条件整理をする力が必要な問題です。これは、大学入試の共通テストにおける問題傾向の変化が影響しています。

近年の条件整理力を試す問題の代表例として、栄光学園の算数の問題（2022年度）をご紹介します。スタート（ふりだし）から5マス進めばゴール（あがり）になるという、一見単純なすごろくの問題ですが、「折り返したとき、一度止まったマスに再度止まった場合は、スタート（ふりだし）に戻る」という条件がついています。そのため、「○○の場合はこうなり、△△の場合は……」と丁寧に仕分けをして解く必要があります。

入試問題　2022年度栄光学園　算数

大問 2

図１のようなすごろくと、１、２、３、４のいずれかの目が出るルーレットがあります。

図１

スタートにあるコマを、以下のルールで、ゴールにぴったり止まるまで動かします。

- ルーレットを回して出た目の数だけ右に動かします。
- ゴールにぴったり止まれない場合は、ゴールで折り返して、余った分だけ左に動かします。
- 折り返した後も、次にルーレットを回したとき、まずは右に動かします。
- 一度止まった①〜④のマスは「スタートに戻《もど》る」マスになり、次以降にそのマスに止まった場合は、コマをスタートに戻します。

例えば、ルーレットの目が１、３、４の順に出たとき、コマは①マス、④マスの順に止まった後、ゴールで折り返して②マスに止まります（図２）。

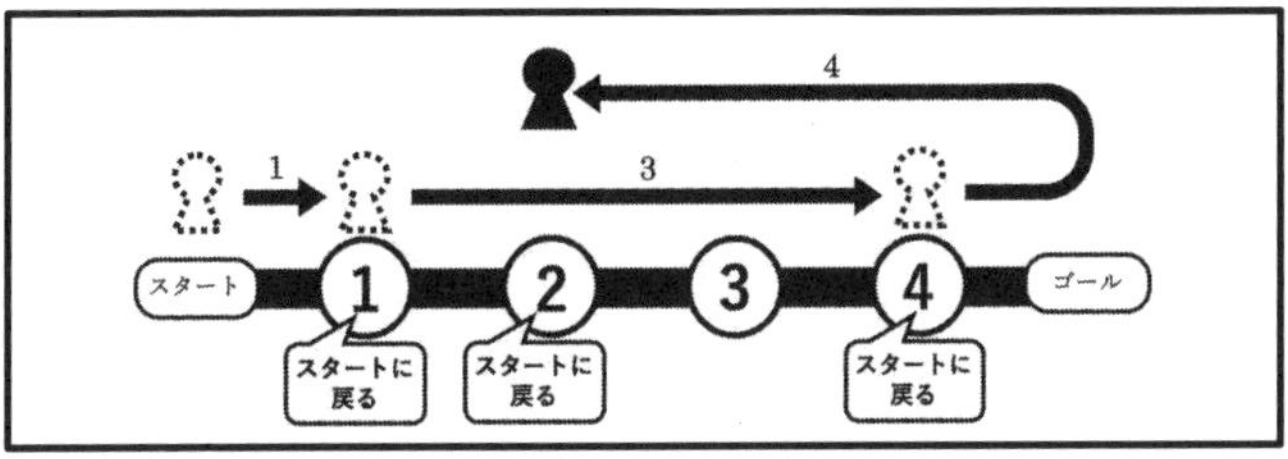

図２

続いて、ルーレットの目が１、１の順に出ると、コマは③マス、④マスの順に止まり、④マスはすでに「スタートに戻る」マスになっているので、スタートに戻ります（図３）。これ以降、ルーレットでどの目が出てもスタートに戻ることになり、ゴールできません。

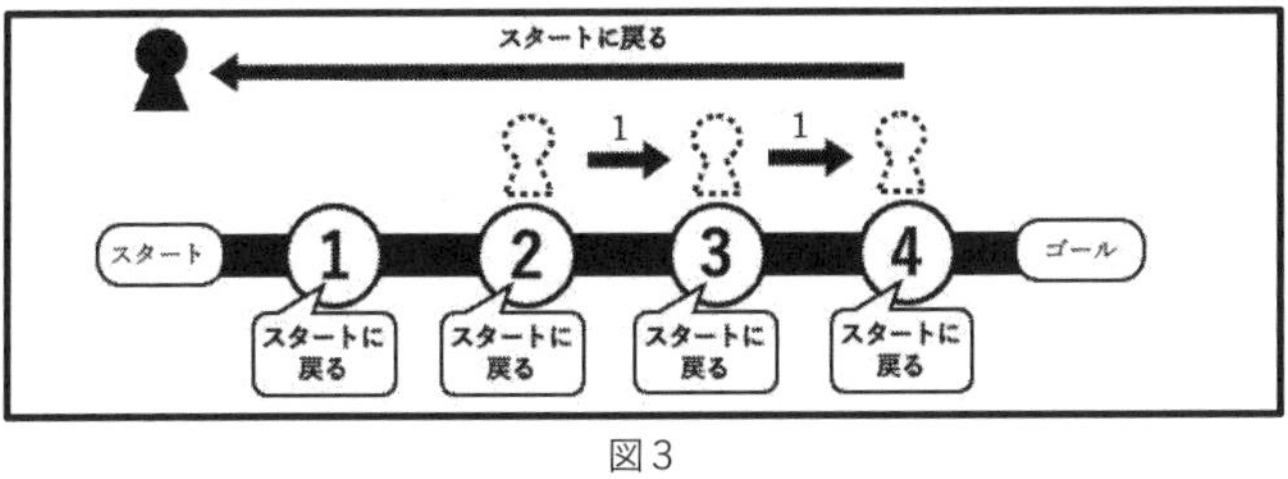

図３

（1）ルーレットで３と４の目が出ることなくゴールしました。

（ア）スタートに戻ることなくゴールしたとき、考えられる目の出方は何通りありますか。

（イ）ゴールするまでに出た目の和として考えられるものを、小さい方から３つ答えなさい。

（2）ルーレットで１と２の目が出ることなくゴールしました。

（ア）スタートに戻ることなくゴールしたとき、ゴールするまでに出た目の和として考えられるものをすべて答えなさい。

（イ）ゴールするまでに出た目の和が2022のとき、何回ルーレットを回しましたか。

（3）スタートに戻ることなくゴールしました。 このとき、ゴールするまでに出た目の和として考えられるものをすべて答えなさい。

（4）ゴールしたとき①～④のすべてのマスが「スタートに戻る」マスになっていて、ゴールするまでに出た目の和は12でした。 このとき、考えられる目の出方は何通りありますか。

[解答例]
(1)ア―8通り　イ―5、11、13　(2)ア― 11、13　イ―673回　(3)5、7、9、11、13　(4)10通り

そして、頭の中だけで考えようとすると、間違いなくワーキングメモリーがあふれ出します。手作業を進めながら、集中力を持続して解いていかなければならない問題です。

著者紹介

西村則康　（にしむら　のりやす）
中学受験のプロ家庭教師「名門指導会」代表。中学受験情報局サイト「かしこい塾の使い方」主任相談員。45年以上にわたり難関中学への受験指導を一筋に行うカリスマ家庭教師。開成中、麻布中、桜蔭中、女子学院中、灘中、などの最難関校に3000人以上を合格させてきた実績を持つ。日本初の「塾ソムリエ」としても活躍。丸暗記や作業だけの無味乾燥な受験学習では効果が上がらないという信念から、「なぜ」「だからどうなる」という思考の本質に最短で入り込む授業を実践している。また、受験を通じて親子の絆を強くするためのコミュニケーション術もアドバイス。16万人以上の親が参考にしている中学受験情報サイト『かしこい塾の使い方』では主任相談員を務める。著書に『中学受験成功への鍵は「親メンタル」！「受験で勝てる子」の育て方』（日経BP）等多数。『中学受験 入塾テストで上位クラスに入るスタートダッシュ算数/国語』（青春出版社）も好評。

中学受験《ちゅうがくじゅけん》は親《おや》が9割《わり》 令和最新版《れいわさいしんばん》

2024年7月30日　第1刷

著　　者　西《にし》村《むら》則《のり》康《やす》

発 行 者　小澤源太郎

責任編集　株式会社 プライム涌光
電話　編集部　03(3203)2850

発 行 所　株式会社 青春出版社
東京都新宿区若松町12番1号 〒162-0056
振替番号　00190-7-98602
電話　営業部　03(3207)1916

印　刷　中央精版印刷　　製　本　フォーネット社

万一、落丁、乱丁がありました節は、お取りかえします。
ISBN978-4-413-23368-2 C0037
© Noriyasu Nishimura 2024 Printed in Japan

本書の内容の一部あるいは全部を無断で複写(コピー)することは著作権法上認められている場合を除き、禁じられています。